KB272249

기억하고 살아가라 2

기억하고 살아가라 2

지은이　　황 재 진
초판발행　2026년 4월 10일

펴낸이　　배용하
책임편집　윤찬란
등록　　　제364–2008–000013호
펴낸곳　　도서출판 대장간
　　　　　　www.daejanggan.org

등록한곳　충청남도 논산시 가야곡면 매죽헌로1176번길 8–54
대표전화　(041) 742–1424　전송 (0303) 0959–1424

분류　　　기독교 | 선교역사 | 신앙일반
ISBN　　978–89–7071–792–0　03230

값 20,000원

Remember and Repay 2

기억하고 살아가라 2

한국 초대교회 선교역사 이야기

황 재 진

차 례

TABLE OF CONTENTS

1월 첫째 주
선교로 시작하는 새해

특별한 선물을 받아본 경험이 있으신가요? 새해를 시작하는 모든 분에게 드리고 싶은 특별한 선물은 바로 "BMW"입니다. 이 차에는 'Bible'이라는 타이어를 장착했습니다. 성경과 함께 시작하는 새해, 넘치는 감격을 경험할 것입니다. 왜냐하면 선교사가 입국하기 전, 이미 성경이 전달된 나라가 한국이었기 때문에 그렇습니다. 성경을 더욱 가까이 합시다.

이 차에는 'Mission'이라는 내비게이션이 설치되어 있습니다. 이 내비게이션을 켜보면 많은 선교사의 발자취를 통해서 우리가 살아가는 삶에 역사의 주관자이신 하나님이 어떻게 개입하셨는지를 때마다 발견하게 될 것입니다. 또 이 차는 'Worship'이라는 특수 엔진으로 움직이는데 이 엔진은 우리에게 성령의 기름 부으심을 공급해 줍니다. 예배는 일상의 삶에서 하나님을 만나는 것이기 때문입니다. 다른 사람을 예배자로 세우는 것이 선교입니다. 모두 선교에 쓰임 받으시기를 축복합니다.

The Year of BMW: Bible, Mission, Worship

Have you ever received a gift that changed your life? As we step into this new year together, I want to share with you a very special "BMW" – not the luxury car, but something far more valuable. This car is equipped with tires called Bible. As you begin the new year in the Word, you will experience an overflowing sense of gratitude and awe. Korea is a country where the Bible arrived even before the first foreign missionaries set foot on its soil, so let us keep the Word of God close to our hearts.

This car has a navigation system called Mission. When you turn on this navigation, you discover – through the footsteps of many missionaries – how God, the sovereign Lord of history, has been intervening in our lives at every moment.

Furthermore, this car runs on a power source called Worship. This engine supplies us with the anointing of the Holy Spirit, because worship is the act of meeting God in our everyday lives.

Helping others become true worshipers of God is the very essence of Christian mission. May you be used greatly for the sake of His mission in this new year.

특별한 날 1월 13일

1월 13일, 미국에 살고 있는 한인들에게 의미 있는 날입니다. 한인들의 미국 이민 역사가 시작된 날이기 때문입니다. 2005년 12월, 미국 연방 상하원에서 매년 1월 13일을 '미주 한인의 날Korean American Day'로 제정, 공포했습니다. 1902년 12월 22일, 내리 감리교회 교인 50명과 부두 노동자 20명, 배꾼들과 상인 30명, 머슴, 학생, 선비 등으로 구성된 총 120여 명의 제1차 이민단이 갤릭S.S. Gaelic 호를 타고 제물포를 떠났습니다. 그 후 일본 나가사키에서 신체검사를 실시, 20명이 탈락하고 다시 이민자들을 실은 배는 나가사키를 출발하여 하와이로 떠납니다. 1903년 1월 13일, 긴 항해 끝에 하와이 호놀룰루에 도착했습니다. 그리고 호놀룰루에서 신체검사를 실시, 또다시 15명이 탈락합니다. 이렇게 하여 86명의 이민자는 첫 미국 이민의 삶을 시작했습니다. 이렇게 시작된 하와이 이민자는 1905년, 이민이 중단될 때까지 모두 64회총 7,415명였다고 하와이 이민사 박물관은 증언합니다.

우리 한인들의 미국 이민 역사는 광혜원후 제중원 1대 원장이었던 알렌 의료선교사가 미국 이민의 문을 여는 데 결정적 역할을 합니다. 또한 미국 이민을 실제적으로 성사시키는 데 공헌한 분은 존스 선교사로 1888년, 조선에 처음 입국하였습니다. 그는 한국 초기선교역사에 큰 역할을 했으며 배재학당에서 사역 후 1892년, 제물포 지역 책임자로 부임한 것입니다. 아펜젤러 선교사가 제물포에 체류할 때 세운 웨슬리 교회에 담임목사로 존스 선교사가 부임했던 것입니다. 그는 1893년 마가렛 벵겔과 결혼하고 제물포에서 11년간 사역합니다. 교회 이름이 처음에는 용동교회였다가 내리 교회로 변경된 것입니다.

1892년 존스 선교사가 내리 교회에 부임하자마자 영화학교와 여자 영화학교를 세웠으며 이 학교는 제물포 지역에 세워진 최초 근대식 교육기관입니다. 존스 선교사는 안타깝게도 1919년 51세의 나이에 뉴욕에서 별세했습니다. 그는 고등학교를 졸업하고 최연소 선교사로 조선을 찾아왔던 분이었지만 누구보다도 뜨겁게 조선 사람들을 사랑했던 하나님의 사람이었습니다.

A Meaningful Day for Korean Americans

The second week of January contains a very special date for Koreans living in the United States. January 13 is deeply significant, as it marks the beginning of Korean immigration to America. In December 2005, both the U.S. House of Representatives and the Senate officially designated and proclaimed January 13 of every year as "Korean American Day," in honor of this history.

On December 22, 1902, 120 Koreans—including members of Naeri Methodist Church, dockworkers, merchants, scholars, and others—departed Jemulpo aboard the S.S. Gaelic, beginning a grueling journey that would change history. After undergoing physical examinations in Nagasaki, Japan, where twenty people were disqualified, the ship set sail again for Hawaii.

On January 13, 1903, after a long and arduous voyage, they finally arrived in Honolulu, Hawaii. Following another round of physical exams in Honolulu, fifteen more people were turned back. In the end, eighty-six immigrants began the very first chapter of Korean life in America. According to the Hawaii Immigration Museum, a total of 7,415 Korean immigrants arrived in Hawaii on sixty-four separate voyages until immigration was suspended in 1905.

The history of Korean immigration to the United States was made possible in part through the decisive role of Medical Missionary Horace N. Allen, the first director of Gwanghyewon[later Chejungwon], who helped open the door for Korean emigration. Missionary George Heber Jones, who first entered Korea in 1888, was also instrumental in making Korean immigration a reality. He played a vital role in early Korean mission history: after serving at Baejae Hakdang, he was appointed superintendent of the Jemulpo district in 1892 and became the senior pastor of Wesley Church, which Missionary Henry Appenzeller had established during his stay in Jemulpo.

After marrying Margaret Bengel in 1893, Jones ministered in Jemulpo for eleven years. The church's name was originally Yongdong Church, but it was later changed to Naeri Church. Upon his arrival at Naeri Church in 1892, he immediately founded Yeonghwa School for boys and a girls' Yeonghwa School, which became the first modern educational institutions in the Jemulpo area.

Sadly, Missionary Jones passed away in New York in 1919 at the young age of fifty-one. Though he came to Korea right after graduating from high school as its youngest missionary, he was a man of God who loved the Korean people more passionately than many who followed after him.

1월 셋째 주

미국의 한인교회 이야기

1903년 1월 13일, 하와이에서 시작된 미국 이민 역사는 교회와 함께 합니다. 미국의 한인들은 이민 생활의 어려움을 교회 공동체를 통해서 달랬었기에 "한국인들은 모이면 교회를 세운다"고 미국인들이 한결같이 말합니다.

1903년 하와이에 도착해 이민을 시작한 한인들은 그해에 그리스도 연합감리교회를 설립하였는데 그 교회가 한인교회의 모교회가 됩니다. 그 후 고된 이민 생활로 하와이에서 상항, 지금의 샌프란시스코로 이주하여 생활하던 중, 1903년 후반에 상항 한인연합감리교회를 설립하게 되었습니다. 이 교회에서 동지회이승만와 국민회안창호로 분열되는 아픔도 겪습니다.

1904년에는 LA연합감리교회가 세워지고, 1906년에는 나성 한인연합장로가 설립됩니다. 1907년에는 하와이에 올리브 연합감리교회가 설립되었으며, 이 교회는 상하이 임시정부의 김구에게 독립자금을 지원하였습니다. 1914년에는 오클랜드 한인연합감리교회가 설립, 황사영 목사가 목회합니다.

그 후 1921년, 드디어 뉴욕 맨하탄에 뉴욕 한인감리교회가 설립되었으며, 이 교회에서 임종순 목사제1대, 김영섭 목사제2대 등이 목회했습니다. 그리고 1923년 시카고에서 유학생들을 중심으로 교회가 설립되었는데, 그 교회가 시카고 한인제일연합 감리교회이며 이 교회에서 기미독립선언서 민족대표 33인 중 한명인 김창준 목사가 목회했습니다.

그 후 우리나라가 한국전쟁으로 풍전등화 같은 어려움에 빠졌을 때, 1951년 워싱턴 한인교회가 설립되어 한인교회의 명맥을 이어갑니다. 1953년에는 필라델피아 한인장로교회가 개척, 오기항 목사가 목회합니다. 그리고 그해 1953년 보스톤에서도 보스톤 한인교회가 설립되었습니다.

워싱턴 한인교회 역사를 조금 더 자세하게 들여다보면, 1951년 시작된 워싱턴 한인교회에서 김태묵 목사가 목회하였고 저명하신 황재경 목사도 1956년부터 1977년 은퇴할 때까지 이 교회에서 목회하였습니다. 워싱턴 한인교회는 70년이 넘도록 한인교회의 명맥을 유지하며 미국 수도권에서 빛과 소금의 역할을 감당하고 있는 것입니다.

미국 메트로폴리탄 지역에 워싱턴 한인교회가 설립된 후, 1956년에는 워싱턴 한인침례교회가 설립, 이 교회를 모체로 지구촌교회와 펠로우십교회 등 여러 침례교회들이 뒤를 잇습니다. 1967년에는 한국선교에 보이지 않는 손이었던 가우쳐 목사가 시무했던 교회에서 볼티모어 연합교회가 시작되어 필유일 목사가 목회했습니다.

같은 해 리치몬드에 리치몬드 한인장로교회가 설립되었습니다. 1968년에는 워싱턴 한인연합장로교회가 설립, 정용철 목사가 목회했습니다. 1971년, 에모리대학 캔들러 강당에서 300여 명의 한인들이 아틀란타 한인교회를 시작하여 아틀란타 모교회 역할을 합니다.

1973년에는 이원상 목사가 목회하던 워싱턴 중앙장로교회가 설립되었으며, 1974년에는 이동원 목사가 사역했던 지금의 지구촌교회가 설립된 것입니다. 1974년 볼티모어 장로교회가 설립되어 이영섭 목사제3대는 30여 년을 목회한 후 은퇴했습니다. 이렇게 미국의 한인교회 역사는 미국의 이민 역사와 동고동락하며 성장해 왔다고 해도 과언이 아닙니다.

The Story of Korean Churches in America

The history of Korean immigration to the United States, which began in Hawaii on January 13, 1903, has always been intertwined with the church. Because Korean immigrants relied on the church community to soothe the hardships of life in a new land, Americans consistently remarked, "Whenever Koreans gather, they build a church."

Upon arriving in Hawaii in 1903, Korean immigrants established Christ United Methodist Church that same year, which became the mother church of all Korean American congregations. Later, as many moved from Hawaii to San Francisco due to the demanding nature of immigrant life, San Francisco Korean United Methodist Church was founded in late 1903. This church also endured the pain of internal division between the Dongji-hoe led by Syngman Rhee and the Gungmin-hoe led by Ahn Chang-ho. In 1904, LA United Methodist Church was established, followed by Los

Angeles Korean United Presbyterian Church in 1906. In 1907, Olive United Methodist Church was founded in Hawaii; notably, this church provided independence funds to Kim Gu of the Provisional Government of the Republic of Korea in Shanghai. In 1914, Oakland Korean United Methodist Church was established, with Rev. Hwang Sa-young serving as the pastor.

In 1921, Korean Methodist Church and Institute was finally established in Manhattan, New York, where Rev. Lim Jong-soon[first pastor] and Rev. Kim Young-sup[second pastor] served. In 1923, a church was founded in Chicago primarily by international students; this was First Korean United Methodist Church of Chicago, where Rev. Kim Chang-jun—one of the 33 national representatives of the March 1st Declaration of Independence— ministered.

Later, even as Korea faced the crisis of the Korean War, Korean United Methodist Church of Greater Washington was established in 1951, carrying forward the legacy of Korean churches. In 1953, Korean Presbyterian Church of Philadelphia was pioneered by Rev. Oh Ki-hang, and Korean Church of Boston was also founded that same year.

Looking more closely at the history of the Korean United Methodist Church of Greater Washington, Rev. Kim Tae-mook ministered there from its founding in 1951, and the renowned Rev. Hwang Jae-kyung served from 1956 until his retirement in 1977. For over 70 years, this church has served as the light and salt of the capital region. Following its establishment in the metropolitan area, Korean Baptist Church of Washington was founded in 1956, serving as the mother church for several Baptist congregations, including Global Mission Church and Fellowship Community Church.

In 1967, Baltimore United Methodist Church began at the very church where Rev. John F. Goucher—the "invisible hand" behind Korean missions—once served, with Rev. Phil Yoo-il as pastor. That same year, Richmond Korean Presbyterian Church was established. In 1968, Korean United Presbyterian Church of Washington was founded, with Rev. Chung Yong-chul as pastor. In 1971, about 300 Koreans gathered at Emory University's Candler Hall to start Korean United Methodist Church of Atlanta, which became the mother church of the region. In 1973, Korean Central Presbyterian Church was established under Rev. Lee Won-sang, and in 1974, the present Global Mission Church where Rev. Daniel Dong-won Lee served was founded. Baltimore Presbyterian Church was also established in 1974, and its third pastor, Rev. Lee Young-sup, ministered there for over 30 years before retiring.

It is no exaggeration to say that the history of Korean churches in America has grown hand in hand with the joys and sorrows of the Korean immigration journey.

1월 25일이 특별한 날 사무엘 마펫

1월 25일과 아주 특별한 관계가 있는 선교사가 있습니다. 사무엘 마펫인데요. 그는 1864년 1월 25일, 미국, 인디아나주 매디슨에서 태어났으며 한국에 가장 많은 선교사를 파송했던 시카고 매코믹 신학교를 졸업했습니다.

1889년 미국 북장로회 선교부로부터 한국 선교사로 임명을 받고, 1890년 1월 25일 그의 생일에 서울에 도착, 적응훈련을 시작합니다. 1890년 제1차 전도여행은 평안북도 의주와 황해도 소래를 방문이었으며, 1891년 제2차 전도여행은 중국 만주에서 존 로스 선교사도 만났습니다. 1893년 제3차 전도여행을 통해 로버트 토마스 선교사가 순교한 평양을 자신의 선교 중점 도시로 확정하게 되었습니다.

조심스럽게 복음 전도를 모색하던 초창기 선교사들과는 달리 조롱과 야유를 받으면서도 직접 노방전도에 나서는 등 복음 전도에 헌신합니다. 그러던 중에 노방전도 중에 이기풍의 돌팔

매에 맞아 피를 흘렸다는 유명한 일화도 있습니다. 훗날 목사가 된 이기풍은 장로교 최초 선교사가 되었습니다.

사무엘 마펫은 1893년, 평양에 첫 번째 교회 '널다리골 교회'를 설립하였는데 그 교회가 나중에 '장대현 교회'로 이름을 바꿉니다. 그 교회는 북한이 강제로 교회를 폐쇄할 때까지 서북지역을 대표합니다. 사무엘 마펫은 한국인 목사를 양성하기 위해 1901년 신학반을 시작한 후, 1903년에는 조선 최초 평양 장로교신학교 초대교장이 되어 헌신합니다.

평양 장로교신학교는 1907년 최초 졸업생 7명을 배출하였으며, 한국 장로교 역사상 처음 목사안수를 받은 7인 중에는 일본 동경교회 초대목사 한석진, 평양대부흥운동의 길선주 목사, 한국 최초 제주도 선교사 이기풍 목사 등이 있었습니다.

사무엘 마펫은 1924년까지 교장으로 봉직하면서 신사참배 문제로 폐교될 때까지 수많은 목사를 배출시킨 신학교로 발전시켰으며 지금의 장신대와 총신대가 그 학교의 명맥을 이어온 곳입니다.

한국 근대사에 있었던 1911년 '105인 사건'으로 한국 애국지사들이 투옥되자 에비슨 선교사 등과 함께 이 사건은 날조되었으며, 비인도적 방법이 자행되었다며 조선 총독에게 항의하기도 했습니다. 또한 미국 장로회 본부에 일제의 만행을 보고, 국제사회에 주목을 받기도 합니다.

26세의 젊은 나이에 조선에 찾아와 오직 조선의 복음화와 독립을 위해 헌신한 그는 1934년70세 은퇴 후에도 한국에 머물며 신사참배에 맞섰으며, 1936년 강제추방 된 후 미국으로 돌아가 1939년 75세의 나이에 미국 캘리포니아에서 별세하였으며 그의 유해는 2006년 그가 세운 평양신학교장신대 캠퍼스로 이장되었습니다.

A Special Day with
Missionary Samuel Moffett

There is a missionary who shares a very special connection with January 25. His name is Samuel Moffett. He was born on January 25, 1864, in Madison, Indiana, and graduated from McCormick Theological Seminary in Chicago, the institution that sent the most missionaries to Korea.

In 1889, the Board of Foreign Missions of the Presbyterian Church in the U.S.A. appointed him as a missionary to Korea. On January 25, 1890—his birthday—he arrived in Seoul and began his orientation. That same year, his first evangelistic journey took him to Uiju in North Pyongan Province and Sorae in Hwanghae Province. In 1891, during his second journey, he met Missionary John Ross in Manchuria, China. Finally, through his third journey in 1893, he confirmed Pyongyang—the place where Missionary Robert Thomas was martyred—as the center of his mission work.

Unlike some early missionaries who were cautious in their approach, Moffett devoted himself to direct street evangelism, even while facing ridicule and heckling. There is a famous anecdote that he was once struck and wounded by a stone thrown by a man named Lee Gi-pung during street preaching. Later, Lee Gi-pung converted, became a pastor, and was commissioned as the first missionary of the Korean Presbyterian Church.

In 1893, Samuel Moffett established the first church in Pyongyang, known as Neoldarigol Church, which later changed its name to Jangdaehyeon Church. This church represented the northwest region until it was forcibly closed by the North Korean regime. To train Korean pastors, Moffett started a theology class in 1901 and became the first president of Pyongyang Presbyterian Theological Seminary in 1903. In 1907, the seminary produced its first seven graduates. Among these first seven ordained pastors in Korean Presbyterian history were Han Seok-jin[the first pastor of Tokyo Church], Kil Sun-joo[a leader of the Pyongyang Great Revival], and Lee Gi-pung[Korea's first missionary to Jeju Island]. Moffett served as president until 1924, developing the school into a seminary that produced numerous pastors. In the 1930s, Japanese colonial authorities forcibly closed it for refusing to participate in Shinto shrine worship—a practice Korean Christians viewed as idolatry. Today, Presbyterian University and Theological Seminary[PUTS] and Chongshin University continue this legacy.

In 1911, Japanese authorities arrested 105 Korean patriots in a fabricated conspiracy case, the so-called "105-Man Incident," torturing them to extract false confessions of an assassination plot. When these Korean patriots were imprisoned, Moffett, together with Missionary Avison and others, protested to the Japanese Governor-General, declaring that the incident had been fabricated and that inhumane methods were being used. He also reported the atrocities of the Japanese Empire to the Presbyterian headquarters in the United States, drawing international attention.

Having arrived in Korea at the young age of 26, he devoted his life to the evangelization and independence of Korea. Even after retiring in 1934 at the age of 70, he remained in Korea to oppose Shinto shrine worship. After being forcibly deported in 1936, he returned to the United States and passed away in California in 1939 at the age of 75. In 2006, his remains were relocated to the campus of the successor to the seminary he had founded, today's PUTS.

제주도 선교

1908년 2월 3일은 제주도 선교가 처음 시작된 날입니다. 제주도 선교의 개척자 이기풍 목사는 평양1868년에서 태어났습니다. 어린 이기풍은 여섯 살에 사서오경을 외우는 등 신동으로 불리기도 했으며, 청년 이기풍의 성품은 괄괄하고 술고래였다고 하며 박치기를 잘하여 평양에서는 아무도 그를 당할 자가 없었다고 합니다. 특히 돌팔매질을 잘하여 매년 대동강을 사이에 두고 벌어지는 석전石戰에서 동편 대장을 맡았다고 합니다.

그 즈음 토마스가 순교1866년 당했던 평양에도 많은 선교사들이 들어옵니다. 이기풍이 평양에서 처음 본 서양 선교사가 사무엘 마펫이었습니다. 이기풍은 사무엘 마펫에게 돌을 던져 그의 턱에 명중시켰고, 이기풍의 돌에 맞은 마펫은 피를 흘리며 거꾸러졌습니다. 그랬던 깡패, 이기풍이 하나님의 사람으로 거듭났다는 에피소드입니다.

청일전쟁이 끝난 이후 스왈른 선교사와 함께 평양으로 돌아온 이기풍은 사무엘 마펫 선교사를 찾아가 자기가 예전에 돌을 던져 턱에 상처를 냈던 깡패 이기풍이라는 사실을 고백하였고, 그 후에 예수를 믿게 되고 새 사람으로 거듭나게 되었다고 눈물로 용서를 구했습니다. 이후 이기풍은 1901년까지 성경을 팔면서 전도하는 사람, 즉 권서인으로서 함경도 등지를 다니면서 성경을 배포하며 복음을 전했고 1902년부터 1907년까지는 스왈른 선교사를 도와 황해도 장연, 해주 지역을 순회하며 복음을 전하는 등 선교사들의 업무를 돕는 조사helper로서 헌신적인 사역을 감당했습니다.

그 후 1903년 사무엘 마펫 선교사가 설립한 평양장로회신학교에 입학하였는데, 스왈른과 사무엘 마펫의 강력한 후원이 있었기에 가능한 일이었습니다. 신학교에서 공부하던 이기풍은 평양 대부흥운동이 절정에 달하던 1907년 9월 17일, 평양 장대현 교회에서 한석진, 길선주 등과 함께 목사안수를 받게 되는데 이는 우리나라 최초 7인의 목사를 배출하는 역사적인 순간이었습니다. 한국인 최초 선교사로 임명되어 제주도 선교에 개척자가 된 이기풍의 이야기입니다.

1st week of February

Jeju Island Missions:
The Story of Rev. Lee Gi-pung

February 3, 1908, marks the day when missions to Jeju Island first began. The pioneer of this mission, Rev. Lee Gi-pung, was born in Pyongyang in 1868. As a young child, Lee was called a prodigy, having memorized the Four Books and Five Classics by the age of six. As a young man, however, he was known for his fiery temperament and heavy drinking. He was a skilled fighter, and it was said that no one in Pyongyang could defeat him in a head-butting match. He was especially talented at stone-throwing and served as the leader of the eastern team in the annual "Seok-jeon"^{stone-throwing battles} held across the Taedong River.

Around that time, many missionaries began entering Pyong-yang, where Robert Thomas had been martyred in 1866. The first Western missionary Lee Gi-pung encountered in Pyongyang was Samuel Moffett. Lee's stone found its mark, striking Moffett square on the jaw. The missionary crumpled to the ground, blood streaming down his face. Years later, Lee would seek out that same missionary, fall to his knees in tears, and confess, "I am the thug who nearly killed you." From stone-thrower to Gospel-bearer—this is the story of Lee Gi-pung's transformation.

After the Sino-Japanese War ended, Lee returned to Pyongyang with Missionary Swallen and sought out Samuel Moffett. He confessed that he was the very man who had once wounded Moffett's jaw with a stone. With tears of repentance, he asked for forgiveness, sharing that he had accepted Jesus and become a new person. Following this, Lee served as a "colporteur"Bible seller until 1901, traveling through Hamgyong Province to distribute Bibles and preach the Gospel. From 1902 to 1907, he served as a "helper" to Missionary Swallen, traveling through the Jangyeon and Haeju regions of Hwanghae Province to assist in missionary work.

In 1903, he entered Pyongyang Presbyterian Theological Seminary, founded by Samuel Moffett—a step made possible by the strong support of both Swallen and Moffett. While studying at the seminary, during the peak of the Pyongyang Great Revival, Lee Gi-pung was ordained as a pastor on September 17, 1907, at Jangdaehyeon Church, alongside figures such as Han Seok-jin and Kil Sun-joo. This was a historic moment, marking the first seven ordained pastors in Korea. Lee Gi-pung was then appointed as Korea's first domestic missionary and became the pioneer of missions to Jeju Island.

강경 침례교회 이야기

강경침례교회는 한국 침례교 역사상 최초로 설립된 교회입니다. 충청남도 논산시 강경에 위치한 강경침례교회는 파울링 선교사 부부와 여자 선교사였던 가데린 선교사가 지병석부인 천성녀 씨의 집에서 1896년 2월 9일주일, 주일예배를 드리며 시작되었습니다. 파울링이 한국 선교사로 결심한 이유는 1889년 12월 8일주일, 한국에 입국한 캐나다 독립 선교사, 말콤 펜윅 때문이었습니다.

1889년 12월, 한국에 입국한 말콤 펜윅은 언어와 문화를 습득하며 선교활동을 전개하다가 목사안수의 필요성과 선교비를 마련하기 위한 몇 가지 목적을 가지고 1893년 미국으로 돌아갔던 것입니다.

말콤 펜윅은 고든 목사를 만나고 싶어 했는데, 이는 말콤 펜윅이 한국에 오기 직전 참석했던 나이아가라 사경회에서 고든 목사의 영향을 받은 경험이 있었기 때문입니다.

미국 보스턴에 위치한 클라렌돈가(街) 침례교회의 담임목사였던 고든 목사는 찬송가 "내 주 되신 주를 참 사랑하고"를 작곡했던 저명한 목사였습니다. 그 당시 고든 목사는 보스턴 선교사 훈련학교를 설립하여 운영하고 있었는데, 이 학교는 훗날 복음주의 신학교로 알려진 고든 콘웰신학교로 발전했습니다.

말콤 펜윅은 보스턴 선교사훈련학교에서 신학 공부를 진행하였으며, 신학 공부를 다 마친 후 1894년에 파울링 등과 목사 안수를 받습니다. 말콤 펜윅의 목사 안수식을 집례한 사람이 고든 목사와 피어슨 목사였죠. 특별히 목사안수를 집례한 피어슨 목사는 한국 평택대학교의 설립자였으며, 스펄전 목사가 시무하던 터버너클 교회(영국 런던)에서 설교 사역도 했었습니다.

이후 말콤 펜윅은 기회가 있을 때마다 고든 목사와 동료 학생들에게 한국 선교의 필요성을 역설하였으며 이에 감동을 받은 고든 목사의 후원으로 선교사 훈련학교를 졸업한 학생들을 한국에 파송하는 절차를 진행한 것입니다. 특히 이렇게 한국으로 파송 받게 된 여러 선교사를 후원하는 귀한 사역에 '엘라씽 기념선교회'가 적극 협력합니다. 1895년 설립된 엘라씽 기념선교회는 고든 목사가 시무하던 교회에 '사무엘 씽'이라는 집사가 어린 나이에 죽은 그의 외동딸, 엘라씽의 상속재산을 헌금함으로 만들어진 선교회였습니다. 또한 고든 목사는 파울링 선교사와 가데린 여선교사를 엘라씽 기념선교회에서 후원하는 선교사로 한국에 파송했던 것입니다.

파울링과 가데린은 1894년 5월, 일본행 배를 타고 일본 요코하마를 경유, 한국으로 입국했던 것입니다. 그 후 한국의 실정을 살펴본 후 다시 일본으로 돌아간 후 파울링은 1895년 2월 14일, 마벨 홀과 일본 요코하마에서 결혼한 직후 다시 한국으로 입국합니다.

겨울철 꽁꽁 얼었던 금강에 얼음이 녹고 뱃길이 열리자, 파울링은 서울과 강경을 오가며 장사를 하던 포목장사 지병석에게 복음을 전하였고 얼마 후 지병석에게 침례까지 베풀었습니다. 그 후 1896년 2월 9일, 강경 침례교회가 태동했던 것이었습니다.

파울링은 1897년, 강경 침례교회를 〈ㄱ자〉교회를 신축하였는데, 이 교회는 동대문교회1892, 소래교회1895 다음 3번째로 한국에 세워진 〈ㄱ자〉교회였습니다.

The Story of Ganggyeong Baptist Church

Ganggyeong Baptist Church is the first Baptist church established in the history of Korean missions. Located in Ganggyeong, Nonsan, South Chungcheong Province, the church began on Sunday, February 9, 1896. On that day, Missionary Pauling and his wife, together with female missionary Miss Gardeline, held a Sunday service at the home of Ji Byeong-seok and his wife, Cheon Seong-nyeo. Malcolm Fenwick, a Canadian independent missionary who entered Korea on December 8, 1889, inspired Pauling to pursue missionary work in Korea.

Malcolm Fenwick, who arrived in Korea in December 1889, engaged in missionary activities while learning the language and culture. In 1893, he returned to the United States with the goals of seeking ordination and raising mission funds. Fenwick especially wished to meet Rev. A. J. Gordon, having been deeply influenced by him at the Niagara Bible Conference just before his first departure for Korea.

Rev. A. J. Gordon, the senior pastor of Clarendon Street Baptist Church in Boston, was a renowned figure who composed the hymn "My Jesus, I Love Thee." At that time, Rev. Gordon had established and was operating the Boston Missionary Training School, which later developed into the evangelical Gordon-Conwell Theological Seminary. Malcolm Fenwick completed his theological studies at this training school and was ordained in 1894 alongside Pauling and others. The ordination service was presided over by Rev. Gordon and Dr. Arthur T. Pierson. Dr. Pierson, who led the ordination, was also the founder of Pyeongtaek University in Korea and had preached at the Metropolitan Tabernacle in London, where Charles Spurgeon ministered.

Afterward, Malcolm Fenwick passionately emphasized the need for Korean missions to Rev. Gordon and his fellow students whenever he had the opportunity. Moved by this, Rev. Gordon supported the process of sending graduates from the training school to Korea. The "Ella Thing Memorial Mission" played a crucial role in supporting these missionaries. Established in 1895, this mission was created when a deacon named Samuel Thing at Rev. Gordon's church donated the inheritance of his only daughter, Ella Thing, who had passed away at a young age. Through this memorial mission, Rev. Gordon sent Missionary Pauling and Miss Gardeline to Korea.

Pauling and Gardeline set sail for Japan in May 1894, entering Korea via Yokohama. After surveying the situation in Korea, they briefly returned to Japan, where Pauling married Mabel Hall in Yokohama on February 14, 1895. Immediately after the wedding, they re-entered Korea. As the ice on the frozen Geumgang River melted and the waterways opened, Pauling preached the gospel to Ji Byeong-seok, a fabric merchant who traveled between Seoul and Ganggyeong. Soon after, Pauling baptized him. Thus, on February 9, 1896, Ganggyeong Baptist Church was born.

In 1897, Pauling constructed a "ㄱ"-shaped[the Korean letter giyeok] church building for Ganggyeong Baptist Church. This was the third church built in the traditional Korean "ㄱ"[giyeok] shape—an L-shaped floor plan designed to allow men and women to worship together while maintaining the Confucian custom of gender separation—following Dongdaemun Church[1892] and Sorae Church[1895]. This unique architectural design reflected the early church's wisdom in respecting the local Confucian custom of seating men and women separately, while still gathering them together in one house of worship.

승동 교회 이름 변경 이야기

서울 종로구 인사동 '골동품 거리'는 세계적으로 유명합니다. 그 인사동 골동품 거리를 걷다 보면 한국초대교회 선교역사에 있어서 아주 중요한 교회, '승동 교회'를 만나는 행운을 잡을 수도 있습니다. 예장 합동측에 속한 승동 교회는 민족주의적인 색채가 짙은 교회였으며, 언더우드가 세운 새문안 교회에 이어 두 번째로 세워진 장로교회입니다. 또한 서울 경기 지역의 '장로교회의 모母 교회' 역할을 감당해 온 교회가 바로 승동 교회입니다.

미국 시카고에 위치한 맥코믹 신학교는 한국선교와 긴밀한 신학교인데, 승동 교회는 맥코믹 신학교 출신의 사무엘 무어가 세운 교회입니다. 사무엘 무어 선교사는 맥코믹 신학교을 졸업한 후 미국 북장로교단에서 한국 선교사로 임명되고 파송되어 1892년 9월 18일, 한국에 입국합니다.

그리고 사무엘 무어는 1892년 겨울, 지금의 서울 을지로 입구 현 롯데호텔 자리 근처의 곤당골예쁜 담으로 둘러싼 마을에서 고아

6명을 모아놓고 학교를 시작했습니다. 그리고 그 이듬해 1893년 교회를 설립하여 목회를 시작하였는데 '곤당골 교회'였습니다.

승동 교회에는 백정들이 출석했었는데 그 백정 중에 박성춘이 백정 출신 제1호 장로로 피택되어 승동 교회는 내홍을 겪습니다. 승동 교회에 출석하던 많은 양반들이 반대했기 때문입니다. 속 불편한 양반들은 승동 교회를 이탈, 1894년 4월 20일 서울 광교, 옛 조흥은행 본점 뒷골목에 홍문동 교회를 설립했던 것입니다. 그러던 중, 곤당골 교회에 화재가 발생하여 예배당이 전소되었고, 이 화재로 곤당골 교회와 홍문동 교회가 화합하는 계기가 된 것입니다.

그 후 승동 교회를 설립한 사무엘 무어는 1906년 12월 22일, 장티푸스로 별세하여 양화진에 안장되었던 것입니다. 승동 교회의 처음 교회 이름이 곤당골 교회였으나 중앙 교회로 개명하였고, 후에 승동承洞 교회로 그리고 지금의 승동勝洞 교회로 바뀌게 된 것입니다.

지금의 승동勝洞 교회로 바뀌게 된 이유는 승동 교회 근처에 불교 조계종이 자리 잡고 있어서 교회 이름이 승동僧洞 교회였는데, 나중에 1907년 평양대부흥운동의 주역 길선주 목사를 모시고 경기도 연합 도사경회를 열었었는데 그때 김선주 목사가 설교 중에 절골과의 영적 싸움에서 승리해야 한다고 권면하셔서 '이길 승勝'을 써서 승동勝洞이라고 지금의 교회 이름으로 바꾸었다는 일화가 전해집니다.

The Story of the Name Changes of Seung-dong Church

In the world-famous "Antique Street" of Insadong, Jongno-gu, Seoul, you might be fortunate enough to encounter Seung-dong Church, a site of immense importance in early Korean missionary history. Belonging to the Presbyterian Church of Korea[Hap-dong], Seung-dong Church is known for its strong nationalistic character. It was the second Presbyterian church established in Seoul, following Saemunan Church founded by Underwood, and it has served as the "mother church" for Presbyterianism in the Seoul and Gyeonggi regions.

Seung-dong Church was founded by Missionary Samuel F. Moore, a graduate of McCormick Theological Seminary in Chicago—an institution closely linked to Korean missions. Commissioned by the Northern Presbyterian Church, Moore arrived in Korea on September 18, 1892. In the winter of that year, near the current site of the Lotte Hotel at the Euljiro entrance, in a village called Gondanggol^{meaning "a village surrounded by pretty walls"}, he began a school with six orphans. The following year, in 1893, he founded a church and began his ministry; it was named Gondanggol Church.

Seung-dong Church is famous for its history with the Baekjeong, the "untouchable" butcher class. When Park Seong-chun—a member of the Baekjeong, Korea's hereditary "untouchable" butcher caste—was elected as the first elder from his class, the church faced internal conflict because many noblemen^{yangban} attending the church opposed it. These disgruntled noblemen left Seung-dong Church and, on April 20, 1894, established Hongmundong Church in Gwanggyo. However, a fire later broke out at Gondanggol Church, burning the sanctuary to the ground, and this tragic fire became the catalyst for Gondanggol Church and Hongmundong Church to reconcile and reunite.

Missionary Samuel Moore, the founder, passed away from typhoid fever on December 22, 1906, and was buried in Yanghwajin. The church's name underwent several changes: from Gondanggol Church to Jung-ang^{Central} Church, then to Seung-dong承洞 Church, and finally to its current name, Seung-dong勝洞 Church.

The reason for the final name change is an interesting piece of history. Because the Jogye Order of Korean Buddhism was located nearby, the name was originally associated with "Monk's Village"僧洞. In 1907, during a joint Bible conference for the Gyeonggi region led by Rev. Kil Sun-joo—a key figure of the Pyong-yang Great Revival—Rev. Kil exhorted the congregation in his sermon to "win the spiritual battle" against the surrounding influence of the Buddhist temples. Following his counsel, the church changed its name to use the Chinese character seung勝, meaning "to win" or "victory," resulting in the current Seung-dong勝洞 Church.

세계적인 복음 전도자

2018년 2월 21일수, 세계적인 복음 전도자이자 설교자였던 빌리 그레이엄 목사가 100세의 삶을 마감하고 하나님의 부르심을 받았죠. 빌리 그레이엄 목사를 사랑하고 존경하는 많은 기독교인이 슬퍼했습니다.

빌리 그레이엄은 1918년 11월 7일목, 노스캐롤라이나의 작은 농촌에서 윌리엄 그레이엄William F. Graham의 첫째 아들로 태어나 성장했습니다. 그 후 플로리다 성서신학교Florida Bible Institute에 입학하여 신학을 공부했으며, 일리노이 주의 휘튼 대학교Wheaton College에 진학하여 학업을 이어갔습니다. 그 당시 휘튼 대학교 다니던 2살 연하의 루스 벨Ruth Bell을 만나고 사랑에 빠져, 두 사람은 드디어 1943년 8월 13일금 결혼하였습니다. 그리고 세 딸 Gigi, Anne, Ruth과 두 아들Franklin, Ned을 낳았습니다.

세계적인 설교자, 빌리 그레이엄은 오직 예수 그리스도를 통해서만 구원을 받을 수 있으며 성경은 정확 무오한 하나님의 말씀임을 주장하는 등 예수 그리스도의 대속과 성경의 권위를 강조한 복음주의자였습니다. 신학자들이 빌리 그레이엄 목사의 설교를 연구해 봤더니 '하나님께서 말씀하시기를… 성경이 말하기를…'이라는 말을 많이 사용했다고 합니다. 그리고 이것이 진정한 복음주의 설교자로 만들었다고 결론 내렸습니다.

또한 빌리 그레이엄은 결식 아동을 돕는 자선활동을 많이 전개했습니다. 빌리 그레이엄이 사역을 잘 감당할 수 있는 원동력은 아내였다고 고백했습니다. 빌리 그레이엄은 그의 아내 루스 Ruth Bell Graham를 '우리 팀'이라고 불렀는데, 루스의 아버지, 즉 빌리 그레이엄의 장인은 중국에서 사역하던 선교사였습니다. 루스는 넬슨 벨미국 장로교 의료 선교사 선교사의 둘째 딸로 태어난 것입니다.

1920년, 중국 상하이 근처에서 태어나 중국에서 생활하며 자연스럽게 한자를 접한 루스 그레이엄은 한자 중에 '옳을 의義 자를 너무 좋아했다고 합니다. 나我 대신 어린 양羊이신 예수님 때문에 의로워지는 복음에 사로잡혀 그녀의 삶 역시 복음을 위해 남편, 빌리 그레이엄을 내조했던 것입니다. 2007년 6월 14, 루스 그레이엄이 별세하자 평소에 그녀의 유언대로 그녀의 묘비에 '義'를 새겼습니다. 그녀의 무덤은 빌리 그레이엄 라이브러리샬롯에 있습니다.

또 루스 그레이엄은 평양에서 중학교 시절을 보내게 됩니다. 중국에 외국인학교가 없었기 때문에 사무엘 마펫 선교사가 설립한 평양신학교 선교사 자녀 학교에서 공부했었기에 누구보다 한국을 잘 알고 있었던 것입니다. 그런 이유로 인하여 빌리 그레이엄 목사가 한국에 남다른 애정을 보였던 것입니다.

빌리 그레이엄의 한국선교에 특별한 관심은 루스 그레이엄 때문이었던 것입니다. 빌리 그레이엄 목사는 1952년 한국전쟁 중 부산과 서울에서 집회를 열었으며, 1958년에는 이승만 대통령 등 정부 요인들을 모아놓고 서울운동장에서 집회를 진행하기도 했으며 1973년 여의도 광장에서 진행된 민족 복음화 대성회에는 110만 명의 성도들이 모이기도 했습니다. 또한 1984년, 한국선교 100주년 기념대회에서도 설교로 우리 민족을 섬겨주신 분이 빌리 그레이엄 목사였습니다. 특별히 1992년, 1994년에는 김일성 주석의 초청을 받아 북한을 방문했었습니다.

100년간 하나님의 사람으로 살다 간 빌리 그레이엄 목사의 장례식이 3월 2일금, 빌리 그레이엄 라이브러리에서 진행되었고 그의 아내, 루스 곁에 안장되었습니다.

A World-Renowned Evangelist: Billy Graham

On Wednesday, February 21, 2018, the world-renowned evangelist and preacher Rev. Billy Graham finished his 100-year journey on earth and was called home by God. Many Christians who loved and respected him mourned his passing. Born on Thursday, November 7, 1918, in a small farming community in North Carolina, he grew up as the eldest son of William F. Graham. He later studied theology at the Florida Bible Institute and continued his education at Wheaton College in Illinois. While at Wheaton, he met Ruth Bell, who was two years younger than him. They fell in love and were married on Friday, August 13, 1943. Together, they had three daughters[Gigi, Anne, Ruth] and two sons[Franklin, Ned].

As a global preacher, Billy Graham was a staunch evangelical who emphasized the substitutionary atonement of Jesus Christ and the authority of the Scriptures. He maintained that salvation is found only through Jesus Christ and that the Bible is the inerrant Word of God. Theologians who studied his sermons noted that he frequently used phrases like "God says…" and "The Bible says…," and they concluded that this was precisely what made him a true evangelical preacher.

In addition to his preaching, Billy Graham engaged in numerous charitable activities to help hungry children. He often confessed that the driving force behind his successful ministry was his wife. He called Ruth Bell Graham "my team." Ruth's father—Billy Graham's father-in-law—was a missionary in China. Ruth was the second daughter of Dr. L. Nelson Bell, a medical missionary from the American Presbyterian Church. Born near Shanghai in 1920, Ruth grew up in China and became naturally familiar with Chinese characters. It is said that she especially loved the character for "righteousness"義. She was captivated by the Gospel message that we become righteous because of Jesus, the Lamb羊, standing over me我. Captured by this grace, she dedicated her life to supporting her husband's ministry for the sake of the Gospel.

When Ruth Graham passed away on June 14, 2007, the character 義 was engraved on her tombstone, just as she had requested. Her grave is located at the Billy Graham Library in Charlotte. Interestingly, Ruth Graham also spent her middle-school years in Pyongyang. Because there were no foreign schools in China at the time, she studied at the school for missionary children established by Missionary Samuel Moffett. This experience gave her a deep understanding of Korea, which in turn led Rev. Billy Graham to show extraordinary affection for the nation.

This special interest in Korean missions was largely due to Ruth Graham's influence. Rev. Billy Graham held crusades in Busan and Seoul during the Korean War in 1952. In 1958, he led a service at Seoul Stadium attended by President Syngman Rhee and other government officials. In 1973, his "Explo '73" crusade at Yeouido Plaza gathered an astounding 1.1 million people. In 1984, he served the Korean people once again by preaching at the Centennial Anniversary of the Korean Church. Notably, in 1992 and 1994, he visited North Korea at the invitation of President Kim Il-sung. After living for 100 years as a man of God, Rev. Billy Graham's funeral was held on Friday, March 2, at the Billy Graham Library, and he was laid to rest beside his beloved wife, Ruth.

3·1 만세운동과 선교사

1919년 3월 1일토, '3·1 만세운동'이 일어났습니다. '3·1 만세운동'하면 고종의 죽음과 유관순을 떠올리는데… 이해를 돕기 위해 1919년까지의 근대역사를 간단하게 정리해 봅니다.

1894년 조선에서 청일전쟁이 일어나고 이 청일전쟁에서 일본이 승리하고, 패한 청나라는 전쟁 배상금으로 요동반도와 타이완을 넘겨주기로 합니다. 그러나 러시아, 프랑스, 독일 등 3국이 압력3국 간섭을 가하자 일본은 한발 물러납니다. 그러나 일본은 조선 왕비명성황후가 러시아와 가깝게 지내는 것을 못마땅하게 여겨 1895년 10월, 조선의 국모國母를 소위 '여우사냥'이라는 이름으로 살해하는 만행을 저질렀습니다.

이후 1904년, 러일전쟁이 발발하자 일본은 러일전쟁에서도 승리합니다. 그리고 1905년 을사늑약으로 대한제국은 외교권마저 박탈당하게 됩니다. 그런데 확실하게 알아야될 역사적 진실은 을사늑약 직전에 미국과 일본이 가츠라-테프트 밀약미국은 필

리핀을 점령, 일본은 한국을 점령이라는 어처구니 없는 협약을 맺습니다. 이때 의료선교사로 사역하다 주한 미국공사로 근무하던 알렌이 미국 정부에 항의했지만 소용없었습니다.

그 후 헐버트 선교사는 이준 등 상동 교회 청년들과 네덜란드 헤이그에서 열린 '세계만국 평화회의'에 참가하여 일본의 부당함을 세계에 알리기도 했습니다. 을사늑약 후 대한제국의 외교권을 빼앗은 일본은 1907년, 정미조약으로 대한제국의 군사권을 빼앗고 고종을 퇴위시킨 후 순종을 왕으로 세웁니다. 그리고 1910년경술년, 일본은 대한제국과 일본이 병합하는 이른바 '경술국치'로 대한제국의 종말을 이끌어 냈던 것입니다. 강제 병합으로 대한제국을 빼앗은 후 일본은 헌병통치로 탄압합니다. 사람이 모이면 일본 경찰이 강제 개입하여 집회를 못하게 만들었죠.

그 후 우리 민족은 해외로 흩어져 독립운동 자금을 지원하는 등 여러 방면으로 빼앗긴 나라의 독립을 위해서 독립운동을 이어갔습니다. 우드로 윌슨 미국 28대 대통령이 '어떤 민족이던 그 민족 스스로가 결정해야한다'는 소위, '민족자결주의'를 선포했습니다. 그런 국제 정세속에서 1919년 1월, 고종이 죽음을 맞이하게 되었죠. 고종의 죽음을 두고 즐겨 마시던 커피에 독을 넣었다는 독살설 등 여러 가지 의문점들이 있지만 차치하고… 고종의 장례식을 이용해 만세운동을 계획하고 일으켰다는 것이 3·1 만세운동의 정설입니다.

그 3·1 만세운동에 서명했던 민족대표 33인 중 이승훈 선생, 길선주 목사 등 16명이 기독교인이었다는 사실을 기억해야 합니다. 또한 이 역사적 사실을 윌리엄 린튼 선교사는 미국 애틀랜타에서 열린 미국 북장로교 평신도 선교 컨퍼런스에 참석하여 일본의 만행을 알리고 우리 민족의 독립의지를 세계 만국에 알리기도 했다는 것입니다.

1st week of March

The March 1st Movement
and the Missionaries

On Saturday, March 1, 1919, the "March 1st Independence Movement" broke out. While many associate this movement with the passing of Emperor Gojong and the heroine Yu Gwan-sun, it is helpful to briefly summarize the modern history leading up to 1919.

In 1894, the Sino-Japanese War broke out on the Korean Peninsula. Japan emerged victorious, and the defeated Qing Dynasty agreed to hand over the Liaodong Peninsula and Taiwan as reparations. However, due to the "Triple Intervention" by Russia, France, and Germany, Japan was forced to step back. Displeased by Queen Min's Empress Myeongseong's close ties with Russia, Japan committed the atrocity of assassinating the mother of the nation in October 1895, an operation they called "Operation Fox Hunt."

Later, in 1904, the Russo-Japanese War broke out, and Japan won once again. In 1905, through the Eulsa Treaty, the Korean

Empire was stripped of its diplomatic rights. A crucial historical fact to remember is that just before this treaty, the United States and Japan entered into the Taft–Katsura Agreement, a secret pact in which the U.S. recognized Japan's dominance over Korea in exchange for Japan recognizing U.S. dominance over the Philippines. Horace Allen, who had served as a medical missionary and was then the U.S. minister to Korea, protested to the U.S. government, but to no avail. Following this, Missionary Homer Hulbert, along with young men from Sangdong Church such as Yi Jun, attended the Hague Peace Conference in the Netherlands to inform the world of Japan's injustice. After seizing diplomatic rights, Japan took military control through the 1907 Jeongmi Treaty, forced Gojong to abdicate, and installed Sunjong as king. Finally, in 1910, Japan forcibly annexed the Korean Empire, marking the national humiliation known as Gyeongsul Gukchi. Under Japanese military rule, all public gatherings were strictly suppressed.

In response, Koreans scattered abroad and continued the independence movement through various means, including financial support. When U.S. President Woodrow Wilson proclaimed the principle of "self-determination," hope was rekindled. In January 1919, Emperor Gojong passed away. Amidst rumors that he had been poisoned through his favorite coffee, independence leaders planned the March 1st Movement to coincide with his funeral.

It is important to remember that out of the 33 national representatives who signed the Declaration of Independence, 16—including Yi Seung-hun and Rev. Kil Sun-joo—were Christians. Furthermore, Missionary William Linton attended a lay mission conference in Atlanta to testify about Japan's atrocities and to proclaim our nation's desire for independence to the international community.

맥큔 선교사와 백낙준 박사

연세대학교 초대총장이었던 백낙준 박사는 1895년 평안북도 정주에서 태어나 서당에서 한학을 공부했으며, 1906년 미션스쿨인 영창학교에 입학하여 기독교적 신학문을 배웁니다. 이 시기에 부모님은 돌아가시고 국권마저 빼앗기는 슬픔을 당합니다. 이후 교장 맥큔 선교사의 집에서 일을 하며 학비를 마련한 후 선천에 있는 신성학교에 입학하게 되었습니다.

하루는 맥큔이 백낙준에게 뒤뜰에 가서 장작을 패라고 시킨 뒤 교회 순회를 나갔다가 저녁 10시쯤 되어 돌아와 보니 뒤뜰에서 장작 패는 소리가 들려 가보니 백낙준이 장작을 패고 있었습니다. 맥큔이 "왜 지금까지 장작을 패고 있느냐"고 물으니 백낙준은 "장작을 패라고만 하셨지 언제까지 라고는 하지 않아서 돌아오실 때까지 패고 있었다"고 대답했다고 합니다. 이 말에 깊은 감동을 받은 맥큔은 그의 손을 잡으며 "너는 커서 훌륭하게 될 수 있다. 너를 미국에서 공부하도록 내가 주선 해 주겠다"고

약속했습니다.

한편, 1911년 10월 조선초대총독 데라우치 암살 미수사건, 소위 105인 사건으로 신성학교의 선생님들과 학생들이 체포됩니다. 백낙준은 검거를 피해 다니다가 1913년, 졸업하고 중국으로 망명합니다. 그리고 영국 선교사들이 운영하는 중국 천진의 신학서원에 입학합니다. 그곳에서 영어와 성경을 배우고 3년 후 미국으로 건너가서 맥큔 선교사의 모교인 파크대학에서 역사학을 배우고 프린스턴신학교에서 신학을, 펜실베니아대학에서 도서관학을 전공합니다. 이때 세례를 받고 진정한 기독교인으로 거듭나게 되었습니다.

1927년 예일대학에서 '한국개신교사'로 한국인으로 처음 박사학위를 받았는데, 지도교수 라두렐은 "당신과 같은 제자를 둔 것이 내겐 참으로 영광이다"며 칭찬을 아끼지 않았다고 합니다. 백낙준은 14년간의 유학을 마치고 1927년, 귀국하여 연희전문학교에서 성경을 가르치게 되었습니다. 1930년 36세에 제자인 최이권과 결혼하여 4형제를 두었습니다.

광복과 더불어 연희전문학교는 연희대학교로 발전하였으며 세브란스 의과대학과 통합하여 지금의 연세대학교가 된 것입니다. 백낙준은 1950년 5월, 문교부장관에 취임하고 4.19 혁명 후, 참의원의장으로 대통령 권한대행을 맡았으며 5.16 군사정변과 함께 참의원이 폐원되어 정치무대를 떠났습니다. 그는 1985년 1월 13일, 세브란스병원에서 하나님의 부르심을 받습니다.

Dr. Paik Nam-june, the First President of Yonsei University

Dr. Paik Nam-june[George Paik], the first president of Yonsei University, was born in 1895 in Jeongju, North Pyongan Province. He studied Chinese classics at a traditional village school[Seodang] before enrolling in Yeongchang School, a mission school, in 1906 to learn modern Christian education. During this period, he endured the immense sorrow of losing his parents and witnessing the loss of his nation's sovereignty. To afford his tuition, he worked as a houseboy at the home of the school's principal, Missionary McCune. He later gained admission to Shinseong School in Seoncheon.

One day, Missionary McCune instructed Paik to chop firewood in the backyard before leaving for a church circuit. When McCune returned around 10:00 PM, he was surprised to hear the sound of an axe still swinging. He found Paik still chopping wood and asked, "Why are you still working at this hour?" Paik replied, "You told me to chop the wood, but you didn't say until when, so I was doing it until your return." Deeply moved by this sincerity, McCune took his hand and promised, "You will become a great person. I will arrange for you to study in the United States."

Meanwhile, in October 1911, many teachers and students from Shinseong School were arrested during the "105-Man Incident"the alleged assassination attempt on Governor-General Terauchi. Paik managed to avoid arrest, graduated in 1913, and went into exile in China. He enrolled in a theological academy in Tianjin operated by British missionaries. After three years of studying English and the Bible, he moved to the United States and studied history at Park CollegeMcCune's alma mater, followed by theology at Princeton Theological Seminary and library science at the University of Pennsylvania. It was during this time that he was baptized and reborn as a true Christian.

In 1927, he became the first Korean to receive a Ph.D. from Yale University with his dissertation, "The History of Protestant Missions in Korea." His advisor, Kenneth Scott Latourette, praised him, saying, "It is truly an honor for me to have a student like you." After 14 years of study abroad, Dr. Paik returned to Korea in 1927 and began teaching the Bible at Yeonhui College.

In 1930, at the age of 36, he married his student Choi I-kwon and had four sons. Following liberation, Yeonhui College evolved into Yeonhui University and eventually merged with Severance Medical College to become today's Yonsei University. Dr. Paik served as the Minister of Education in May 1950. After the April 19 Revolution, he served as the President of the House of Councillors and acting President of South Korea. He retired from politics following the May 16 military coup. On January 13, 1985, he was called to be with the Lord at Severance Hospital.

언더우드의 신혼여행

1885년 4월 5일 부활주일, 제물포 항구. 처음 한국 땅을 밟은 언더우드와 아펜젤러 선교사는 나무를 심으러 온 것이 아니라 십자가의 복음을 심으러 왔습니다. 약혼자에게 '한국으로 선교지'로 변경했다고 파혼을 당하고, 그 파혼의 아픔을 가슴에 묻고 조선에 입국한 언더우드는 사역하던 중 1888년 조선에 입국한 홀튼 여의사를 만나 사랑에 빠집니다. 명성황후의 주치의였던 홀튼은 미국 북장로교 파송 의료선교사였습니다. 홀튼이 순백색 동녕쿨을 가장 좋아한다는 사실을 알게 된 언더우드는 예쁜 순백색 동녕쿨을 직접 그녀에게 배달하는 등 정성을 다했습니다. 결국, 8살 연상의 여의사, 홀튼의 마음을 빼앗는 데 성공했습니다.

드디어 언더우드Horace G. Underwood, 1859-1916 선교사는 8살 연상의 홀튼Lillias S. Horton, 1851-1921 선교사와 1889년 3월 14일목에 서울에서 백년가약을 맺습니다. 30세의 신랑, 언더우드와 38세

노처녀 신부, 홀튼의 결혼식은 그 당시 조선 사회에 큰 관심을 끌기에 충분했습니다. 이 결혼을 축하하기 위해 왕비는 현금 백만 냥을 망아지에 실어서 결혼 선물로 보냈다고 합니다.

결혼식 다음 날 언더우드 선교사 부부는 신혼여행 허가를 받고 약 2개월 동안의 여정으로 신혼여행을 가장한 선교여행을 떠납니다. 신혼여행 장소는 압록강 지역이었습니다. 언더우드 선교사 부부는 신혼여행 중에 한문 전도지를 가지고 다니면서 복음을 전했다고 합니다. 신혼여행 중 언더우드 선교사 부부는 평안북도 의주에서 100여 명의 조선인 그리스도인들을 만났습니다. 그리고 세례받기를 원하는 100여 명의 신자들을 세례문답하고 100여 명 가운데 33명을 선별한 후 그들과 함께 배를 타고 압록강을 건너가 세례를 베풀었습니다.

그 당시 조선 땅에서 세례를 베푸는 행위가 불법이었기 때문에 언더우드는 중국 통행증을 가지고 압록강을 건너가 조선 땅이 아닌 중국 땅에서 조선인 그리스도인들에게 세례를 베풀었던 것입니다. 이렇게 언더우드 선교사 부부는 신혼여행까지도 우리 민족을 위해 한국이 지금의 선교한국이 되도록 힘쓴 하나님의 사람이었습니다.

The Honeymoon of Horace G. Underwood

On Easter Sunday, April 5, 1885, at the port of Jemulpo, Missionaries Horace G. Underwood and Henry G. Appenzeller took their first steps onto Korean soil. They came not to plant mere trees, but to plant the Gospel of the Cross. Having been abandoned by his former fiancée because he changed his mission destination to Korea, Underwood arrived in Joseon with a wounded heart. While serving there, he fell in love with Dr. Lillias Horton, a medical missionary from the American Northern Presbyterian Church who had arrived in 1889. Knowing that Horton loved pure white wisteria vines, Underwood showed his devotion by personally delivering them to her. Eventually, he succeeded in winning the heart of Dr. Horton, who was eight years his senior.

Finally, Horace G. Underwood[1859–1916] and Lillias S. Horton[1851–1921] were married in Seoul on Thursday, March 14, 1889. The wedding between the 30-year-old groom and the 38-year-old bride drew significant attention in Joseon society at the time. To celebrate the union, Queen Min^{Empress Myeongseong}, for whom Horton served as a royal physician, reportedly sent a gift of one million nyang in cash, loaded onto a pony.

The day after the wedding, the couple received permission for a honeymoon and embarked on a two-month journey that was essentially a mission trip in disguise. Their destination was the Yalu River region. During their "honeymoon," the couple carried Chinese gospel tracts and shared the Word of God. In Uiju, North Pyongan Province, they encountered about 100 Korean Christians. After examining them for baptism, they selected 33 individuals and took them across the Yalu River by boat to perform the baptisms.

Because performing baptisms was illegal on Joseon soil at the time, Underwood used his Chinese travel pass to cross the river and baptize the Korean believers on Chinese territory rather than Korean land. In this way, the Underwoods were truly people of God, dedicating even their honeymoon to our nation and striving to help make Korea the missionary-sending nation it is today.

스크랜턴 선교사와 상동교회

월리엄 스크랜턴 선교사에 대해 알고 계신가요? 스크랜턴은 미국 예일대에서 의학을 전공한 수재였으며 전도유망한 의사였습니다. 그런 사람이 그의 어머니, 아내와 함께 미지의 땅 조선에 와서 우리 민족을 섬긴 진정한 하나님의 사람입니다.

언더우드와 아펜젤러가 조선의 정치 1번지, 정동을 중심으로 사역했다면, 스크랜턴은 가난한 백성들을 중점으로 사역했습니다. 그런 이유로 4대문 밖의 가난한 백성들을 위한 교회를 설립하였는데 동대문 교회, 아현 교회, 상동 교회는 스크랜턴이 세운 교회들입니다.

그는 정동 교회 근처에 정동 감리교병원을 세우고 가난한 환자들을 정성껏 치료하였으며 점차 의료사업을 확장해 갔습니다. 남대문 근처 지금의 상동교회 자리를 구입, 약국 및 병원을 운영하여 지금의 상동교회로 성장시킨 것입니다. 1893년부터 이 병원교회에서 스크랜턴이 담임목사로 사역했으며 1895년

병원사역을 상동병원으로 통합, 상동교회 자리는 병원이 사용하고 상동교회는 지금 한국은행 자리인 달성궁으로 옮겨서 교회와 병원이 분리되어 발전을 이어간 것입니다. 그리고 1900년 7월 상동병원이 세브란스병원과 통합하면서 그 자리에 현대식 건물을 신축하여 1901년 6월 준공, 상동교회가 이전된 것입니다.

그러던 중 1902년부터 상동교회에 전덕기 전도사가 부임합니다. 1905년 을사늑약이 체결되자 전덕기가 중심이 되어 조약 무효 투쟁을 전개하면서 김구, 이준 등의 독립 투사들의 모이는 거점이 됩니다. 이 곳 지하에서 헤이그 특사 사건의 모의가 이루어졌으며 신민회도 조직되어 교육을 통한 독립운동을 전개합니다.

상동교회는 중등교육기관인 상동청년학원을 설립, 우리 청년들에게 민족의식과 역사의식을 고취시켜 독립정신을 높이기 시작했습니다. 그러던 중 1914년 전덕기 목사가 신민회 사건으로 인해 별세하자 상동청년학원도 폐원되었고 일제 말기인 1944년 3월 교회도 폐쇄되어 급기야 상동교회는 일제의 신사참배와 황도문화관으로 전락하고 말았죠.

그 후 광복을 맞아 재건되었으나 6.25 전쟁으로 교회건물이 파괴되어 1974년 10월 벽돌예배당을 헐고 현재의 12층 건물을 신축한 것입니다. 7층 이상을 교회로 사용하고 지하층과 지상 4층까지는 새로나 백화점을 운영하여 이곳에서 발생된 수익금으로 선교 사역들을 지원하였습니다. 상동교회는 수원의 삼일상고와 삼일공고를 운영하기도 하였으며 미자립 교회를 지원하는 등 광범위한 기업선교를 전개함으로써 한국기독교 100여 년 역사에 다양한 선교유형을 만들어 냈습니다.

스크랜턴 선교사는 일본 선교부와의 마찰로 선교사를 사임한 후 일본으로 건너가 생활하다가 별세하였다고 합니다. 그의 무덤은 일본 고베 외국인 묘지에 있습니다.

4th week of March

Missionary William Scranton
and Sangdong Church

Have you heard of Missionary William Scranton? A graduate of Yale University, Scranton was a brilliant doctor with a promising future. Yet he chose to come to the unknown land of Joseon with his mother and wife, serving our nation as a true man of God. While Underwood and Appenzeller focused their ministry around Jeong-dong, the political center of Joseon, Scranton dedicated himself to the poor. For this reason, he established churches outside the four main gates for the impoverished: Dongdaemun Church, Ahyeon Church, and Sangdong Church.

He established Jeong-dong Methodist Hospital near Jeong-dong Church, where he treated poor patients with great devotion, gradually expanding his medical work. He purchased the current site of Sangdong Church near Namdaemun to operate a pharmacy and hospital, which eventually grew into Sangdong Church. From 1893, Scranton served as the senior pastor of this hospital-church. In 1895, the medical services were integrated into Sangdong Hospital; the hospital occupied the original site while the church moved to Dalseong-gung near the current Bank of Korea, allowing both institutions to develop independently. In July 1900, when Sangdong Hospital merged with Severance Hospital, a modern building was constructed on the original site, and Sangdong Church moved back in June 1901 upon its completion.

In 1902, Evangelist Jun Deok-gi was appointed to Sangdong Church. Following the Eulsa Treaty in 1905, Jun led a struggle to nullify the treaty, and the church became a hub for independence activists such as Kim Gu and Yi Jun. The plotting of the Hague Secret Envoy mission took place in its basement, and the Sinminhoe New People's Association was organized there to promote independence through education.

The church established the Sangdong Youth Academy, a secondary educational institution, to instill national and historical consciousness in Korean youth. However, after Rev. Jun Deok-gi passed away in 1914 due to the Sinminhoe incident, the academy was forced to close. In March 1944, toward the end of the Japanese colonial period, the church was shut down and desecrated, used as a site for Shinto shrine worship and as a Japanese cultural center.

Though reconstructed after liberation, the church building was destroyed during the Korean War. In October 1974, the brick sanctuary was demolished, and the current 12-story building was constructed. The church occupies the 7th floor and above, while the Saerona Department Store operated from the basement to the 4th floor, using its profits to support missionary work. Sangdong Church also managed Samil Commercial High School and Samil Technical High School in Suwon and supported non-self-supporting churches, creating diverse mission models throughout its 100-year history.

After resigning as a missionary due to friction with the Japanese mission board, Scranton moved to Japan, where he spent his final years. His grave is located in the Foreigners' Cemetery in Kobe, Japan.

3월 다섯째 주
레이놀즈 선교사와 신학지남

호남 선교를 위해서 미국 남장로회에서 파송한 '7인의 선발
대' 전킨 부부, 레이놀즈 부부, 린니 데이비스, 테이트 남매를
부르는 말입니다. 이번 주는 7인의 선발대 중 레이놀즈 선교사
에 대하여 나누려 합니다. 그는 1867년 12월 11일, 미국 버지니
아주 노폭에서 태어났습니다. 그는 어학에 천부적 재능을 보유
한 레이놀즈는 히브리어를 필두로 라틴어, 불어, 독일어를 익히
고… 대학을 수석으로 졸업한 후 리치몬드에 위치한 유니온 장
로교신학교에 입학했습니다.

1891년, 테네시주 네쉬빌에서 열린 신학생 선교 컨퍼런스에
참석하여 안식년을 맞은 언더우드의 선교 보고와 윤치호의 강
연을 듣습니다. 언더우드의 선교 보고에 깊은 감동을 받고 조선
선교를 결심하게 됩니다. 평소 전킨이라는 선교 동역자와 매일
오후 3시, 기숙사 문을 잠그고 온 마음으로 선교의 길을 열어달
라고 하나님께 기도했었거든요. 조선 선교의 문이 열리자 볼링

자매와 결혼한 후 노폭 제2장로교회의 파송을 받고 1892년 11월 3일, 조선에 도착하여 적응 훈련과 언어 훈련을 마친 후, 드디어 1894년 3월 27일, 군산에 도착하여 첫 사역을 시작합니다.

새벽이슬을 맞으며 한국어와 씨름하던 레이놀즈 선교사는 한국말이 익숙하게 되자 언더우드 선교사, 게일 선교사와 함께 본격적인 성서번역을 시작하였습니다. 레이놀즈는 1895년 성경번역위원회 남장로회 대표로 선임되면서 성경을 한글로 번역하는 일에 매진합니다. 성경번역은 외국인 선교사와 한국어 선생의 공동작업이라고 할 만큼 한국어 선생의 역할은 지대할 수밖에 없었는데, 레이놀즈가 성경번역에서 성과를 거둘 수 있었던 것은 한국어를 가르쳐준 김필수의 공이 컸습니다.

끈기 있게 성경번역을 진행하던 레이놀즈는 마침내 그 열매를 보게 되는데 한 권씩 개인역이나 수정역으로 나오던 신약 전체를 묶어서 1900년 단권 신약성경을 출판한 것입니다. 그 후 출판된 성경에서 다수의 오류가 발견되자 레이놀즈와 언더우드, 게일은 아예 성경번역에만 매달렸습니다. 이들은 1902년부터 1906년까지 무려 555회의 토론과 수정 과정을 거친 후 최초의 공인역본 신약전서를 출판하게 되었습니다. 히브리어에 정통하였던 레이놀즈는 1910년 구약성경의 출판에서도 역할을 감당하며 신/구약 성경 한 권이 온전히 출판되는 큰 업적을 세우는 데 쓰임 받은 것입니다.

레이놀즈는 1917년부터 20년 동안 평양장로회신학교의 교수

로 재직하면서 '신학지남' 편집인으로 사역했는데, 신학지남은
기독교신학 연구도서로 조선예수교장로회신학교 교수들의 신
학연구논문을 출판하기 위하여 출판된 책으로 장로교회의 신학
이해와 신앙고취를 제시해 주는 동시에 목회자들의 영적 안내
서 역할을 감당해 주었습니다.

5th week of March
Missionary Reynolds and
the Theological Review Sin-hak-ji-nam

The "Seven Pioneers" is a term used to describe the first group sent by the American Southern Presbyterian Mission for the evangelization of the Honam region: the Junkins, the Reynolds, Linnie Davis, and the Tate siblings.

This week, we focus on Missionary William D. Reynolds. Born on December 11, 1867, in Norfolk, Virginia, Reynolds possessed a natural gift for languages. He mastered Hebrew, Latin, French, and German, graduating at the top of his class before entering Union Theological Seminary in Richmond.

In 1891, while attending a student mission conference in Nashville, Tennessee, he heard a mission report from Horace Underwood and a lecture by Yun Chi-ho. Deeply moved, he decided to serve in Korea. Reynolds and his colleague Junkin had been locking their dormitory door every day at 3:00 PM to pray fervently for God to open a path for missions. Once the door to

Korea opened, he married Miss Bolling, was commissioned by Norfolk Second Presbyterian Church, and arrived in Korea on November 3, 1892. After completing his orientation and language training, he finally arrived in Gunsan on March 27, 1894, to begin his ministry.

As Reynolds wrestled with the Korean language in the early morning dew, he became fluent and began translating the Bible alongside Missionaries Underwood and Gale. In 1895, he was appointed as the representative of the Southern Presbyterian Mission to the Board of Bible Translators. Bible translation was a collaborative effort between foreign missionaries and Korean teachers, and Reynolds' success was largely due to the invaluable help of his Korean teacher, Kim Pil-su. His persistent efforts bore fruit in 1900 with the publication of the first single-volume New Testament, which compiled individual and revised translations.

When errors were discovered in that edition, Reynolds, Underwood, and Gale devoted themselves entirely to revision. Between 1902 and 1906, after 555 sessions of discussion and correction, they published the first authorized version of the New Testament. Proficient in Hebrew, Reynolds also played a key role in the 1910 publication of the Old Testament, completing the monumental task of providing the entire Bible in Korean.

From 1917, Reynolds served for 20 years as a professor at Pyongyang Presbyterian Theological Seminary and as the editor of Sin-hak-ji-nam^{Theological Review}. This journal was created to publish the research of the seminary's faculty. It served as a spiritual guide for pastors while providing a theological foundation and inspiring faith within the Presbyterian Church.

아름다운 첫 발걸음

1885년 4월 5일, 우리는 이날을 꼭 기억해야만 합니다. 절망에 빠진 우리 민족에게 소망의 빛이 찾아온 날이기 때문입니다. 하나님의 신실한 사람, 언더우드와 아펜젤러는 대륙횡단열차를 타고 뉴욕을 출발하여 며칠 후 샌프란시스코에 도착했습니다. 1884년 12월 6일토, 샌프란시스코 항을 떠나 하와이를 걸쳐 50여 일간의 항해 끝에 1885년 1월 25일주일 일본 요코하마에 도착합니다. 일본에 도착한 뒤 미국에서 일본으로 파송한 최초의 장로교 선교사, 제임스 헵번1815-1911 박사의 집에 머물며 조선에서 건너온 이수정에게 조선말을 배우며 선교훈련을 시작했습니다. 그 후 1885년 3월 23일, 이수정이 일본에서 번역한 마가복음을 가슴에 품고 요코하마를 출발하여 4월 3일 부산 도착하고 1885년 4월 5일, 부활주일에 드디어 제물포에 도착합니다.

그들은 나무를 심으러 우리 민족을 찾아온 것이 아니라, 우리 민족의 가슴가슴 마다 예수 그리스도를 심기 위해 찾아온 것입니다. 그들이 복음을 들고 찾아왔었기에 우리가 살아날 수 있었습니다. 은둔의 땅을 찾아온 언더우드와 아펜젤러의 아름다운 첫 발걸음…. 그들의 아름다운 첫 발걸음으로 인해 우리 민족이 소생한 것입니다. 그리고 그들의 뒤를 이어 수많은 선교사가 찾아오기 시작했습니다.

> 그런즉 그들이 믿지 아니하는 이를 어찌 부르리요 듣지
> 도 못한 이를 어찌 믿으리요 전파하는 자가 없이 어찌
> 들으리요 보내심을 받지 아니하였으면 어찌 전파하리
> 요 기록된 바 아름답도다 좋은 소식을 전하는 자들의
> 발이여 함과 같으니라. 롬 12:14-15

그들은 이 세상이 감당할 수 없는 하나님의 사람들이었습니다. 언더우드와 아펜젤러의 그 아름다운 첫 발걸음을 기억하며 우리 역시 또 다른 민족을 향해 발걸음을 옮겨야만 합니다. 복음 들고 산을 넘는 자들의 발이 얼마나 아름다운 발걸음인지요. 우리 역시, 하나님이 이 세상이 감당할 수 없는 존재로 만드실 것입니다.

April 5, 1885: A Beautiful First Step

We must always remember April 5, 1885. It was the day when the light of hope reached our nation, which was then shrouded in despair. God's faithful servants, Horace G. Underwood and Henry G. Appenzeller, departed from New York via the transcontinental railroad and arrived in San Francisco a few days later. On Saturday, December 6, 1884, they left the port of San Francisco and, after a 50-day voyage through Hawaii, arrived in Yokohama, Japan, on Sunday, January 25, 1885.

While in Japan, they stayed at the home of Dr. James Hepburn[1815–1911], the first Presbyterian missionary sent from America to Japan. There, they began their mission training by learning the Korean language from Lee Su-jeong, a Korean convert. On March 23, 1885, carrying the Gospel of Mark—which Lee Su-jeong had translated into Korean while in Japan—close to their hearts, they departed Yokohama. They reached Busan on April 3 and finally arrived at Jemulpo on April 5, 1885, Easter Sunday.

They came not as conquerors but as servants; not to plant trees, but to plant the living seed of the Gospel in Korean hearts. And that seed would one day grow into a forest. Because they arrived with the Gospel, we were able to live. The beautiful first steps of Underwood and Appenzeller, who sought out this "Hermit Kingdom," brought revival to our nation. Following in their footsteps, countless other missionaries began to arrive.

> How, then, can they call on the one they have not believed in? And how can they believe in the one of whom they have not heard? And how can they hear without someone preaching to them? And how can anyone preach unless they are sent? As it is written: How beautiful are the feet of those who bring good news! Romans 10:14-15, NIV

They were people of God of whom the world was not worthy. Remembering the beautiful first steps of Underwood and Appenzeller, we too must move our feet toward other nations. How beautiful are the feet of those who cross mountains to bring the Gospel! God will surely make us, too, into people of whom this world is not worthy.

선박사고 이야기

2014년 4월 16일 발생한 선박사고, 이단종파 구원파, 유병언 목사가 운영하던 해운회사. 그 '세월호'가 수년간의 긴 아픔 끝에 모습을 드러냈습니다. 세월호 사고로 상처 입은 모든 가정에게 예수 그리스도의 사랑으로 그들의 아픔이 치유되기를 기도합니다.

한국초대교회 선교역사에도 선박사고에 관한 이야기가 있습니다. 1902년 6월 11일 밤 10시경, 아펜젤러 선교사는 목포에서 열리는 성서번역회의에 참석하기 위해 배를 타고 목포로 가던 중 어청도 부근에서 다른 배와 충돌하는 해상사고를 당하게 됩니다. 아펜젤러는 미처 빠져나오지 못한 비서 조한규를 구하기 위해 침몰하는 배의 선실로 뛰어들어갔다가 끝내 빠져 나오지 못했습니다.

아펜젤러 선교사가 선박사고로 순직하고 10년 후, 1912년 4월 대서양에서 발생한 타이타닉호의 침몰사고는 한국에서 사역

하던 선교사와 관계가 있었습니다. 타이타닉 침몰사고와 관계
가 있는 선교사는 '노블'입니다. 노블William Arthur Noble, 1866-1945
은 미국 감리회 소속 선교사로 1866년, 펜실베니아 스프링데일
에서 태어나 성장하고 드루신학교를 졸업합니다. 1892년, 목사
안수를 받고 마티Mattie L. Wilcox와 결혼한 후 1892년 10월 17일,
미감리회에서 파송받고 한국에 입국합니다.

노블 선교사가 한국에 입국한 배경에는 1년 전 한국에서 사
역하던 제임스 홀 선교사와의 깊은 우정 때문이었습니다. 노블
은 3년 동안 배재학당에서 학생들을 가르쳤으며, 1894년 청일
전쟁을 수습하던 중 감염되어 별세하여 양화진에 안장된 제임
스 홀의 후임으로 평양선교를 진행하기 시작했습니다. 그렇게
한국에서 사역하던 노블이 1912년 안식년을 맞아 미국에 돌아
오는 여정을 살펴보면, 그 타이타닉을 만나게 됩니다. 평양에서
러시아 블라디보스톡으로, 블라디보스톡에서 대륙횡단열차를
타고 유럽을 지나 마침내 영국에 도착한 후 대서양을 건너 미국
에 가려고 타려던 배가 타이타닉호였으니 말입니다.

1912년 4월 10일, 미국행 타이타닉호를 탄다고 전보를 보냈
는데 함께 한 일행 중 가방을 분실하게 되고, 그 분실한 가방을
찾는 과정 때문에 그 타이타닉호를 못 타고 다음 배를 타고 미
국에 돌아왔다는 엄청난 이야기가 노블의 일기에서 발견됩니
다.

2nd week of April

The Story of Ship Accidents
and Missionaries

The ship accident that occurred on April 16, 2014—involving the "Sewol Ferry," operated by a shipping company linked to the cult leader Yoo Byung-eon—brought prolonged pain to the nation. We pray that the love of Jesus Christ will heal all the families wounded by the Sewol tragedy.

The history of early Korean missions also contains stories of ship accidents. Around 10:00 PM on June 11, 1902, Missionary Henry Appenzeller was traveling by ship to Mokpo to attend a Bible translation conference. Near Eocheongdo Island, his vessel collided with another ship. In a heroic act, Appenzeller dove back into the sinking cabin to rescue his secretary, Cho Han-gyu, who had failed to escape, but tragically he never made it out.

Ten years after Appenzeller's martyrdom, another famous maritime disaster occurred—the sinking of the Titanic in the Atlantic Ocean in April 1912. This event shares a surprising connection with a missionary who served in Korea: William Arthur Noble. Born in 1866 in Springdale, Pennsylvania, Noble graduated from Drew Theological Seminary. After his ordination and marriage to Mattie L. Wilcox, he arrived in Korea on October 17, 1892. Noble decided to come to Korea because of his deep friendship with Missionary James Hall. Following Hall's death in 1894 from an infection contracted while helping victims of the Sino-Japanese War, Noble took over Hall's mission work in Pyongyang.

In 1912, as Noble was preparing to return to the United States for a sabbatical, his journey nearly led him to disaster. He traveled from Pyongyang to Vladivostok, then took the Trans-Siberian Railway across Europe to England. His plan was to cross the Atlantic to America aboard the RMS Titanic. He even sent a telegram stating that he would board the Titanic on April 10, 1912. However, a remarkable story was later discovered in his diary: one of his traveling companions lost a bag, and while they were delayed trying to find it, they missed the Titanic. They eventually returned to the United States on a later ship, narrowly escaping the tragedy that struck the so-called 'unsinkable' vessel.

장애인 선교사 스코필드

4월 20일이 한국에서는 장애인의 날입니다. 민족대표 34인이라는 닉네임을 가진 한국이름 석호필, 프랭크 스코필드Frank W. Schofield, 1889~1970는 장애인입니다. 그는 캐나다 감리교 선교사이자 수의학자였고 세균학자였습니다. 스코필드가 제암리 학살 사건의 참상을 국제사회에 알린 선교사로 그의 활동을 기념하는 뜻에서 "3·1운동의 제34인"이라고 부르는 것입니다.

스코필드는 1889년 3월 15일, 영국 워릭셔, 럭비에서 태어났습니다. 1907년, 캐나다로 이민오고 토론토 대학교에서 수의학과을 전공합니다. 그러나 1910년, 소아마비를 앓아 목발에 의지하는 장애인의 삶을 삽니다. 1911년, 토론토 대학교에서 수의학 박사 학위를 받았으며 1913년 9월, 앨리스 스코필드Alice Scho-field와 결혼했습니다. 그리고 1916년에 세브란스 의학전문학교 교장, 에비슨 선교사로부터 한국에 와 달라는 편지를 받고 한국 사역을 위해 한국에 입국합니다. 그는 세브란스 의학전문학교에서 세균학과 위생학을 가르쳤습니다.

1919년 2월 5일, 3·1운동의 거사 준비로 이갑성을 몰래 만났으며, 3·1운동을 위한 해외 정세를 파악하는 일을 맡게 되었습니다. 3월 1일 탑골공원에서 만세 시위현장에서 민중들에게 폭력을 가하는 일본의 탄압행위를 이갑성의 의뢰를 받아 사진으로 찍었고 글로 적어 해외에 알렸으며 4월에는 수원, 제암리에 가서 일본군이 제암리 주민들을 제암리교회에 몰아넣고 학살하는 이른바 제암리 학살사건으로 잿더미가 된 현장을 떨리는 손으로 촬영한 후 '제암리에서의 잔학 행위에 관한 보고서'를 작성하기도 했습니다.

또한 5월 일본인이 운영하는 영자신문 Seoul Press지에 서대문 형무소에 대한 글을 올리고 당시 유관순 등이 갇혀있던 서대문 형무소 '여자 감방 8호실'을 직접 방문하여 수감자에 대한 고문을 확인하고 하세가와 총독을 방문, 일본의 비인도적 만행을 중지해달라고 호소하기도 했습니다.

1920년 3·1운동 원고의 제목을《끌 수 없는 불꽃》이라고 붙였으며 그해 4월, 강도를 가장한 스코필드 암살미수 사건이 발생하자 곧바로 학교와의 근무 계약을 마치고 캐나다로 돌아갑니다.

1958년, 대한민국 정부가 광복 13주년 기념 및 정부수립 10주년에 국빈으로 스코필드를 초빙하였고 세계각지에 있던 지인들이 "스코필드 기금"을 조성해 그를 지원했습니다. 그는 1970

년 4월 12일, 국립 중앙의료원에서 별세했으며 독립운동에 기여한 업적이 인정되어 서울 현충원에 안장되었습니다. 장애는 결코 애국과 선교에 걸림돌이 될 수 없습니다.

3rd week of April
The Missionary with a Disability:
Frank W. Schofield

In Korea, April 20 is designated as "Disabled Persons' Day." There is a man known by the nickname "The 34th National Representative" and by his Korean name, Seok Ho-pil. His name is Frank W. Schofield[1889–1970], and he was a person with a disability. He was a Canadian Methodist missionary, a veterinarian, and a bacteriologist. He is called "The 34th Person of the March 1st Movement" in honor of his efforts to inform the international community about the atrocities of the Jeam-ri Massacre.

Schofield was born on March 15, 1889, in Rugby, Warwickshire, England. In 1907, he immigrated to Canada and majored in veterinary medicine at the University of Toronto. However, in 1910, he contracted polio, which left him with a disability that required the use of crutches for the rest of his life. In 1911, he received his Doctor of Veterinary Medicine degree from the University of Toronto, and in September 1913 he married Alice

Schofield. In 1916, after receiving a letter from Dr. Oliver Avison, the principal of Severance Union Medical College, inviting him to Korea, he arrived to begin his ministry. He taught bacteriology and hygiene at the college.

On February 5, 1919, he met secretly with Yi Gap-seong to prepare for the March 1st Movement and was tasked with assessing international sentiment regarding the movement. On March 1, at the request of Yi Gap-seong, he photographed the violent suppression of protesters by the Japanese at Tapgol Park and wrote reports to inform the world. In April, he traveled to Jeam-ri in Suwon, where the Japanese army had locked residents in Jeam-ri Church and massacred them. With trembling hands, he photographed the site, which had been reduced to ashes, and authored the "Report on the Atrocities in Jeam-ri."

In May, he published an article about Seodaemun Prison in the Seoul Press, an English-language newspaper run by the Japanese. He personally visited "Female Cell No. 8"—where Yu Gwan-sun and others were imprisoned—to confirm that inmates were being tortured. He even visited Governor-General Hasegawa to plead for an end to these inhumane atrocities. In 1920, he titled his manuscript about the March 1st Movement The Unquenchable Fire. In April of that year, after an assassination attempt disguised as a robbery, he completed his contract with the school and returned to Canada.

In 1958, the South Korean government invited Schofield as a state guest for the 10th anniversary of the government's establishment. His acquaintances around the world created the "Schofield Fund" to support him. He passed away on April 12, 1970, at the National Medical Center and was buried in the Seoul National Cemetery in recognition of his contributions to the independence movement. Disability is never an obstacle to patriotism or to mission work.

윌리엄 맥켄지 선교사

맥켄지는 가장 한국인처럼 살면서 사역했던 캐나다 선교사입니다. 1893년 10월, 선교에 대한 열정 하나만으로 한국 땅을 밟은 32세, 청년 윌리엄 맥켄지William John Meckenzie는 1861년 캐나다에서 태어납니다. 댈하우지 대학Dalhousie College에서 공부하면서 선교에 소명을 받고 한국에 대한 책을 읽으며 한국선교를 결심합니다. 하지만 캐나다 장로교회는 한국선교사 파송을 거절하는데 이때까지만 해도 캐나다의 한국선교 진출은 미미했습니다. 하지만 맥켄지는 강한 결심을 꺾을 수 없었죠. 맥켄지는 선교준비를 위해 핼리팩스Halifax로 가서 의학공부까지 합니다. 드디어 열정의 32살 청년, 맥켄지는 친구들에게서 많지 않은 선교비를 후원 받아 교단파송 선교사가 아닌 독립 선교사로 한국에 입국합니다.

그러나 우리가 주목해야 할 점은 바로 맥켄지의 선교방식입니다. 맥켄지 선교사는 달랐습니다. "한국을 제2의 고향으로 삼고 한국인들과 같이 살다가 나팔소리를 들을 때까지 그들과 같이 일하리라" 이 같은 그의 결의는 그로 하여금 남다른 선교방식의 길을 걷게 합니다. 맥켄지는 동료선교사들의 권유에도 불구하고 황해도 소래 마을에서 한복을 입고 초가집에서 한국 음식을 먹으며 한국인으로 생활했습니다.

열정의 청년, 멕켄지 선교사는 온몸을 바쳐 선교활동을 하였는데, 불철주야 선교활동에 헌신하던 그에게 건강의 문제가 생깁니다. 낯선 한국에서 무리한 활동으로 몸이 쇠약해진 상태로 황해도 장연에서 전도하다가 결국 일사병에 걸인 것입니다. 당시 완공되지 못한 예배당 부속실에 거처하는 동안 맥켄지는 심한 고열로 5일 동안 병고에 시달리다 정신착란 상태에 빠집니다.

1895년 6월 23일주일, 죽음을 앞둔 맥켄지의 일기 내용이다.

> 잠을 잘 수도 없고 밖으로 나갈 수도 없다. 너무 약해졌기 때문이다. 오늘 오후에는 온 몸이 추워지는 것을 느꼈다. 옷과 더운 물주머니가 있어야겠다. 땀을 내야겠다. 조금은 나은 듯하다. 죽음이 아니길 바란다. 내가 한국인들과 같은 방식으로 살았기 때문에 이렇게 되었다고 말하게 될 많은 사람들을 위해서… 이것은 내가 조심하지 못했기 때문이다. 낮에는 뜨거운 햇볕 아래서 전도하고 밤이면 공기가 추워질 때까지 앉아 있었기 때

문에… 심히 고통스러워 글을 쓰기가 너무 힘이 든다.

　이렇게 일기를 쓰며 죽음을 맞이한 맥켄지 선교사의 죽음은 당시 소래마을 주민들에게도, 캐나다 장로교회에게도 큰 아픔이었습니다. 2년이라는 짧은 기간, 낯선 한국 땅에서 고군분투하며 희생적인 삶을 살다 간 맥켄지로부터 감동을 받고 우리나라 최초 개신교회인 소래교회가 설립되었으며 캐나다 측에서도 멕켄지 선교사의 죽음을 계기로 한국 선교를 위한 후원이 본격화 되어 많은 선교사를 파송했던 것입니다. 맥켄지는 가장 한국인처럼 살면서 선교한 신실한 선교사였습니다.

Missionary William McKenzie: A Sacrifice for Sorae

William McKenzie was a Canadian missionary who lived and served in a way that most closely resembled the Korean people. In October 1893, at the age of 32, driven solely by his passion for missions, William John McKenzie[1861–1895] set foot on Korean soil. While studying at Dalhousie College, he received his calling and decided to dedicate his life to Korea after reading books about the nation. Although the Presbyterian Church in Canada initially declined to send him—as their mission work in Korea was minimal at the time—McKenzie's resolve was unshakable. He even went to Halifax to study medicine in preparation for his calling. Eventually, with modest support from his friends, he arrived in Korea as an independent missionary rather than a denominational one.

What makes McKenzie truly remarkable was his method of mission. He resolved, "I will make Korea my second home, live among the Koreans, and work with them until I hear the trumpet sound." This commitment led him to a unique path. Despite the advice of fellow missionaries, he moved to the village of Sorae in Hwanghae Province, wore traditional Korean clothes^{hanbok}, lived in a thatched-roof house, and ate Korean food. He poured his entire being into his ministry. However, his relentless dedication eventually took a toll on his health. Weakened by overwork in a foreign land, he suffered heatstroke while evangelizing in Jangyeon. While staying in an unfinished annex of the church, he battled a severe fever for five days and eventually fell into a state of delirium.

In his diary entry from Sunday, June 23, 1895, shortly before his death, he wrote:

I cannot sleep. I cannot go outside. My body has grown too weak. This afternoon, a bone-deep chill seized me. I need blankets and hot-water bottles— I must sweat this fever out. I feel a little better. I hope this is not death. Many will say this happened because I chose to live as a Korean… but it is because I was not careful. I evangelized under the hot sun by day and sat outside until the air turned cold at night… It is so painful that writing is very difficult.

The death of Missionary McKenzie was a profound sorrow for both the residents of Sorae and the Presbyterian Church in Canada. Although his life in Korea was short—only about two years—his sacrificial struggle deeply moved the people, leading to the establishment of Sorae Church, the first Protestant church in Korea. His martyr-like death also prompted the Canadian church to formally begin and expand its mission work in Korea, sending many more missionaries in the years that followed. McKenzie was a faithful missionary who chose to live as closely as possible to the Korean people he loved.

최흥종 목사

예전 서울 강남의 한 교회가 도로 이름을 종교개혁자의 이름을 딴 '칼빈 길'로 바꾸려 하자 주민들의 빈축을 산 해프닝이 있었습니다. 그런데 이와는 대조적으로 어떤 목사의 호를 도로 이름으로 정하고 이를 축하하는 자리까지 마련해 대조적 눈길을 끌기도 했었는데요.

2009년 6월 10일, 광주광역시 남구청·광주서예협회가 후원하고 광주YMCA가 주관한 행사는 오방 최흥종 목사를 기념해 열렸습니다. 같은 날 남구 방림1동 주민센터 앞 도로는 '오방로'로 지정되었습니다. 한국교회사에 있어서 잊을 수 없는 하나님의 사람 최흥종 목사.

오방, 최흥종1880~1966은 1880년 전라도 광주에서 태어나 근대에 이르는 격변기에 기독교운동과 독립운동을 펼친 분입니다. 특히 최흥종 목사는 평생을 어려운 이웃을 돌보고 후진 양성을 위한 교육 사업에 매진했으며 걸인과 한센인들을 위한 구제사업도 펼치셨죠. 소록도의 한센인들에게 희망을 열어준 분도 바로 최흥종 목사였습니다. 또한 광주 최초의 청년 야학교 및 여성 야학교 개설 등으로 교육에 열정을 쏟았고 광주YMCA 창설의 산파 역할하기도 했습니다.

오방 최흥종 목사는 독립운동사에도 큰 역할을 셨는데, 3·1운동으로 1년 4개월의 옥고를 치르며 독립운동에도 앞장섰습니다. 이런 이유때문에 오방 최흥종 목사는 광주지역에서 개화기 광주의 정신적 지주역할을 한 큰 인물로 평가 받고 있는 것입니다.

2009년 6월 12일, '오방로' 지정 기념식이 광주 남구청이 후원한 가운데 광주YMCA 주관으로 열렸습니다. 이날 행사에서 최흥종 목사가 백범 김구 선생님으로부터 받은 친필 휘호, '화광동진和光同塵'과 오방의 정신을 되살리기 위해 광주서예협회 회원과 시민들이 대형 붓글씨 퍼포먼스를 펼쳤으며 오방 선생의 흉상 기증과, 테이프커팅, 오방로 안내 동판 제막식 등의 의미 있는 행사가 성대하게 거행되었던 것입니다.

'오방로' 사업을 추진한 광주YMCA는 '오방로' 지정과 관련, 관청과 주민사이에 어려움이 전혀 없었다고 전합니다. 이날 행사를 후원한 광주 남구청은 최흥종 목사가 활동한 지역이 광주 남구의 양림동·방림동·봉선동이었다고 강조하며 최흥종의 정신을 계승하기 위한 사업을 전개하겠다고 말합니다.

1st week of May

Rev. Choi Heung-jong:
A Legacy of Service and Sacrifice

In the past, there was an incident where a church in Gangnam, Seoul, tried to rename a street "Calvin Road" after the religious reformer, only to face criticism from local residents. In contrast, there is a minister whose pen name was chosen as a street name with the full support and celebration of the community.

On June 10, 2009, an event hosted by the Gwangju YMCA and sponsored by the Gwangju Nam-gu Office and the Gwangju Calligraphy Association was held to honor Rev. Choi Heu-ng-jong[pen name: Obang]. On that day, the road in front of the Bangnim 1-dong Community Center was officially designated "Obang-ro." Rev. Choi Heung-jong is a man of God whose contributions to Korean church history are unforgettable.

Obang Choi Heung-jong[1880–1966] was born in Gwangju, Jeolla Province. He was a leader of Christian and independence movements during the turbulent transition into the modern era. Rev.

Choi dedicated his entire life to caring for neighbors in need and advancing education for future generations. He launched relief projects for beggars and patients with Hansen's disease[leprosy] and was the visionary who opened doors of hope for the residents of Sorokdo Island. Furthermore, he poured his passion into education by opening the first night schools for youth and women in Gwangju and played a pivotal role in founding the Gwangju YMCA.

Rev. Choi also played a significant role in the history of the independence movement. He stood at the forefront of the struggle, serving one year and four months in prison for his involvement in the March 1st Movement. For these reasons, he is highly regarded as the spiritual pillar of Gwangju during the Enlightenment period.

During the "Obang-ro" dedication ceremony on June 12, 2009, various meaningful events took place. Citizens and members of the Gwangju Calligraphy Association performed a large-scale brush calligraphy demonstration to revive the spirit of Obang and to honor the calligraphy piece "Hwa-gwang-dong-jin"和光同塵, which Rev. Choi had received from the great patriot Baekbeom Kim Gu. The ceremony also included the donation of a bust, a ribbon-cutting, and the unveiling of a bronze plaque for Obang-ro.

The Gwangju YMCA reported that there were no difficulties

between the government and local residents regarding this designation, as his legacy was so widely respected. The Nam-gu Office emphasized that Rev. Choi's primary areas of activity were Yangrim-dong, Bangnim-dong, and Bongseon-dong, and pledged to continue projects that carry on his noble spirit.

포사이드 선교사

포사이드 선교사를 알고 계신가요? 포사이드는 1873년 12월 25일, 미국 켄터키 해로스 버그에서 태어나 1904년 8월 10일, 미국 남장로교 파송받아 입국한 의료선교사입니다.

포사이드는 전라북도 전주에서 순회 진료를 하며 고아원을 운영했습니다. 1905년 어느 날, 강도에게 습격당한 부상자를 치료해 주다가 괴한들에게 습격당해 귀가 잘리고 두개골에 큰 상처를 입는 어려움을 당했습니다. 상처가 너무 깊어 미국에서 치료를 받고 2년 후, 다시 한국으로 돌아와 목포에서 의료선교를 전개한 분이 바로 포사이드 선교사입니다.

1909년, 포사이드의 동역자, 오웬1867년 7월 19일 의료선교사가 사역하던 중 과로로 쓰러집니다. 그 때 광주에서 의료사역을 하던 윌슨 선교사는 목포의 포사이드에게 도움을 요청합니다. 포사이드는 급히 목포에서 광주로 조랑말을 타고 오다가 광주 길가에 쓰러져 있는 한 여인을 발견하게 되었습니다. 그 여인은 한센인으로 손발은 짓물렀고 온 몸은 상처투성이었습니다. 포사이드는 오웬 선교사의 병을 고치러 가는 길이었지만 길가에 버려진 그 나환자를 그냥 버려둘 수는 없었습니다.

포사이드는 그 한센인 여인을 감싸 안아 말에 태우고 말고삐를 잡고 걸어서 광주에 도착했습니다. 포사이드가 조랑말에서 한센인 여인을 두 손으로 감싸 안아 내리는 것을 지켜보던 사람 중에 광주에서 깡패로 악명이 높던 최흥종이 있었고 그 최흥종이 큰 감동을 받고 훗날 예수님을 믿게 됩니다.

결국, 포사이드와 길가에 쓰러진 한센인 여인과의 만남이 한국에 한센병 병원이 세워지는 계기가 된 기가 막힌 이야기입니다. 포사이드가 목포로 돌아간 후, 파란 눈의 서양의사가 한센인을 극진히 보살펴 주었다는 소문이 입에서 입으로 전해지자 한센인들이 하나둘씩 광주로 모여들게 되었습니다. 이에 윌슨을 비롯한 광주지역에서 사역하던 선교사들은 포사이드의 헌신적인 삶에 감명을 받아 그들을 치료해 줍니다. 한센인들을 치료할 병원 시설을 서둘러 준비하는데 광주 주민들이 광주에서는 안 된다고 적극 반대합니다. 그러나 1912년, 광주군 효천면에 한센병원이 세워집니다.

포사이드와 한 한센인의 우연한 만남이 계기가 되어서 4년 만에 병원과 수용소가 준공된 것인데, 나라 주권마저 위태롭던 일제 강점기에 어느 누가 피고름을 끝도 없이 흘리는 한센인들을 보살필 수 있었을까요? 이렇게 시작된 것이 여수 '애양원'입니다. 포사이드는 부상 후유증과 풍토병으로 1918년 5월 9일 별세했으며, 45세에 별세했다는 소식을 접한 많은 한국인이 슬퍼했습니다. 당시 최흥종은 루터의 말을 인용해 "모든 인간은 다른 사람을 위하여 창조되었고 또 그렇게 태어났다. 우리가 가지고 있는 일체는 봉사하는 것이어야 한다"라고 포사이드의 헌신적인 봉사의 삶을 칭송했습니다.

2nd week of May

Missionary Forsythe and the Beginning of Hansen's Disease Ministry

Are you familiar with Missionary Forsythe? Wiley Hamilton Forsythe[1873-1918] was a medical missionary, born on December 25, 1873, in Harrodsburg, Kentucky. He arrived in Korea on August 10, 1904, commissioned by the American Southern Presbyterian Mission.

Forsythe conducted itinerant medical clinics in Jeonju, Jeollabuk-do, while also running an orphanage. One day in 1905, while treating a victim of a robbery, he was brutally attacked by assailants. His ear was severed, and he suffered a severe skull fracture. The wounds were so deep that he had to return to the United States for treatment. Two years later, he returned to Korea and resumed his medical mission in Mokpo.

In 1909, Forsythe's colleague, medical missionary Clement C. Owen[1867-1909], collapsed from exhaustion. Missionary Wilson, who was serving in Gwangju, sent an urgent request to Forsythe in Mokpo for help. Forsythe immediately set out for Gwangju on a pony. Along the way, he discovered a woman collapsed on the roadside. She was suffering from Hansen's disease; her hands and feet were festering, and her whole body was covered in sores. Although Forsythe was on a desperate mission to save Dr. Owen, he could not leave this abandoned woman behind. He wrapped her in his own clothes, placed her on his pony, and walked the rest of the way to Gwangju, holding the reins.

Among the people watching Forsythe carefully lift the woman from the pony was Choi Heung-jong, a man notorious at the time as a local thug in Gwangju. He was so deeply moved by this sight that he eventually accepted Jesus and his life was transformed.

Ultimately, this encounter between Forsythe and the woman on the roadside became the miraculous catalyst for the establishment of Hansen's disease hospitals in Korea. After Forsythe returned to Mokpo, rumors spread that a "blue-eyed Western doctor" had cared for a leper with such devotion, and patients with Hansen's disease began to gather in Gwangju one by one. Inspired by Forsythe's sacrificial life, Missionary Wilson and other missionaries in the area began to treat them. Although local residents initially opposed building a facility in the city, a hospital for people with Hansen's disease was established in Hyocheon-myeon, Gwangju, in 1912.

This seemingly accidental meeting led, within four years, to the completion of both a hospital and a shelter. During the Japanese colonial period, when national sovereignty itself was at stake, who else would have cared for those who suffered with unending pus-filled wounds from Hansen's disease? This humble beginning eventually developed into Aeyangwon in Yeosu. Forsythe passed away on May 9, 1918, at the age of 45, due to complications from his past injuries and endemic diseases. His death was mourned by many Koreans. Choi Heung-jong later praised Forsythe's life of service, quoting Luther: "All human beings were created for others and born as such. Everything we possess should be for the purpose of service."

소래교회

1883년 5월 16일 황해도 장연에 한국인들에 의해 세워진 한국 최초 교회 소래교회松川敎會에 대하여 들어보셨나요? 소래교회가 우리나라 최초의 교회라는 점도 의미가 있지만 한국인들에 의해 세워진 교회였다는 점이 큰 의미일 것입니다.

1988년, 한국기독교 100주년 기념사업의 일환으로 총신대 양지캠퍼스에 복원된 소래교회의 설립약사 첫 문장에는 "본 소래교회는 순수한 우리 조상들에 의하여 이 강산에 세워진 최초의 교회요, 한국교회의 뿌리가 되는 교회이다"라고 기록되어 있습니다.

소래교회를 세운 서상륜은 만주와 조선을 오가며 인삼을 파는 상인이었습니다. 서상륜 인생의 새로운 전기를 맞이하게 된 것은 그가 30세 되던 1878년, 어느 날 갑작스럽게 열병에 걸려 죽을 위기에 처한 그의 소식을 듣고 고향 의주의 친구들이 찾아와 선교사가 운영하는 병원에 입원시킵니다. 그곳에서 만난 사람이 바로 존 로스와 존 로스의 처남 존 매킨타이어였죠. 이 모든 시나리오는 하나님의 철저히 준비된 계획 속에 있었습니다. 서상륜의 병세는 매우 위독했는데, 죽음의 문턱까지 경험한 서상륜은 병이 완치되면 예수를 믿겠다고 선교사에게 약속합니다.

병이 완쾌되자 신앙을 받아들이고 존 매킨타이어에게 세례를 받고 존 로스를 도와 성경 번역에 착수, 로스 역본신약을 완성하게 됩니다. 1883년, 서상륜은 이렇게 번역된 성경 100권을 지니고 압록강을 건너 국내에 잠입하다가 세관에 발각됩니다. 구사일생으로 성경 10권을 지닌 채 서상륜의 어머니 고향인 황해도 장연으로 피신, 정착합니다.

소래에 터를 잡은 서상륜은 곧 만주의 존 로스 선교사에게 연락해 성경 6,000권을 배로 전해 받고 성경을 한국에 뿌리기 시작했습니다. 소래교회의 시작은 산간에 세워진 초가집이었으나 얼마 후 알렌과 언더우드, 아펜젤러 등 여러 선교사들이 입국하면서 기독교가 급속히 전파되어 고종까지도 기독교를 인정한 것입니다.

소래교회는 신도가 약 80여 명으로 58세대가 있는 소래에 50세대가 기독교를 받아들였고 이에 건축위원회를 조직하고 건축헌금을 마련합니다. 이 과정에서 서상륜 못지않게 큰 역할을 한 사람이 서경조였습니다. 서경조는 서상륜의 동생으로 한국 장로교 최초의 목사 7인중 한사람입니다. 소래교회 건축소식에 언더우드가 건축자금을 마련해 주겠다고 제의했으나, 서상륜은 순수하게 우리의 힘으로 건축하고자 정중히 거절했습니다. 이에 언더우드 선교사는 돕고 싶어도 돕지를 못하는 안타까운 마음을 '미국의 촛대洋燈 다섯 개를 기증하는 것'으로 달래야 했습니다.

The Story of Sorae Church

Have you ever heard of Sorae Church [Songcheon Church], the first church in Korea, established by Koreans on May 16, 1883, in Jangyeon, Hwanghae Province? While its status as the nation's first church is significant, the fact that it was founded by Koreans themselves holds even greater meaning.

In 1988, as part of the centennial celebration of Korean Christianity, Sorae Church was restored on the Yangji Campus of Chongshin University. The first sentence of its historical record reads: "This Sorae Church is the first church established on this land by our pure ancestors and is the root of the Korean church."

The founder, Seo Sang-ryun, was a merchant who traveled between Manchuria and Joseon selling ginseng. A major turning point in his life occurred in 1878, when he was 30 years old. Struck by a sudden fever and facing death, his friends from Uiju took him to a hospital operated by missionaries. There, he met

John Ross and Ross's brother-in-law, John Macintyre. This entire encounter was part of God's carefully prepared plan. Seo's condition was critical, but having stood at the threshold of death, he promised the missionaries that he would believe in Jesus if he recovered.

Upon his recovery, he embraced the faith and was baptized by John Macintyre. He then assisted John Ross in translating the Bible, completing the Ross Version of the New Testament. In 1883, Seo attempted to bring 100 copies of the translated Bible across the Yalu River but was caught by customs officials. In a narrow escape, he managed to save 10 copies and fled to Jangyeon, Hwanghae Province—his mother's hometown—where he settled.

After establishing himself in Sorae, Seo contacted Missionary John Ross in Manchuria and received 6,000 copies of the Bible by ship, which he began to distribute throughout Korea. Sorae Church began as a small thatched-roof house in the mountains. Soon after, as missionaries such as Allen, Underwood, and Appenzeller arrived, Christianity spread rapidly and eventually gained recognition from King Gojong. The congregation grew to about 80 members; in the village of Sorae, 50 out of 58 households embraced Christianity. They organized a construction committee and raised funds to build a church.

In this process, Seo Kyung-jo, Sang-ryun's younger brother and one of the first seven ordained Presbyterian ministers in

Korea, played a vital role. When Missionary Underwood offered to provide funds for the construction, Seo Sang-ryun politely declined, wishing to build the church solely through their own efforts. Unable to provide financial aid, Underwood instead expressed his support by donating five American lamps to the new sanctuary.

이화학당 이야기

2016년 후반 정유라씨의 이화여대 부정 입학 스캔들로 인해 이화여자대학교가 큰 곤경에 처했던 일을 알고 계신가요? 이 일을 계기로 이화인들이 깊은 성찰과 자성의 목소리를 내면서 이화학당을 세운 설립자의 정신을 회복하려고 노력하고 있습니다.

5월 31일은 스크랜턴 대부인이 세운 이화학당의 개교일입니다. 스크랜턴 대부인이라고 부인 앞에 대大를 붙이는 것은 스크랜턴 선교사의 어머니를 말하기 때문입니다. 스크랜턴 대부인은 상동교회를 설립한 스크랜턴의 모친입니다.

이화학당은 1886년고종 23, 해외여성선교회에서 파견된 여선교사, 메리 스크랜턴이 서울 정동에 설립한 한국 최초 여성교육기관입니다. 선교사들이 한국에 입국해서 하는 사역 중에 파격적인 사역은 여성을 교육시키는 것이었습니다. 왜냐하면 여성을 교육하는 것이 유교로 수백 년을 이어온 조선의 근간을 흔드는 일이었기 때문입니다.

이화학당의 제1대 당장교장, 메리 스크랜턴의 교육이념은 기독교 교육을 통해 한국 여성들을 '더 나은 한국인으로 양성하는 것' 즉, 한국여성의 존엄성을 회복하여 진정한 한국인을 육성하는 것이었습니다. 1887년 2월, 고종황제가 '이화학당梨花學堂'이라는 교명과 현판을 하사하였는데 이는 조선의 사액 서원에 비견되는 것으로서 이화학당이 국가로부터 공식적으로 인정받은 최초의 근대식 여학교가 된 것입니다.

이화는 '배꽃같이 순결하고 아름다우며 향기로운 열매를 맺으라'는 뜻이며 이화학당은 한 학생으로 시작하여 점차 학제를 정비, 1904년에는 중등과를, 1908년에는 보통과와 고등과를 신설함으로써 발전했습니다. 이화가 중등과를 먼저 설치한 것은 이화의 교육이 여성의 고등교육을 지향해왔음을 보여주는 것이며 교사 양성이 시급했던 당시 사회적 요구를 수렴한 것이었습니다. 이화학당은 1908년, 5명의 제1회 중등과 졸업생을 배출하였고 1910년에는 4년제의 대학과를 설치하여 1914년 4월, 신마실라, 이화숙, 김애식 등 한국 최초의 여대생을 배출하기도 했습니다.

또한 1914년에 이화유치원을, 1915년에 유치원사범과를 신설하고, 1917년에는 중등과를 대학예과로 개편, 1918년에 보통과를 보통학교로, 고등과를 고등 보통학교로 분립 개교하였고, 1925년에 대학과와 대학예과를 이화여자전문학교로 개편하였

으며 1928년에는 유치원사범과를 이화보육학교로 독립하여 발
전을 거듭하며 지금의 학교로 성장한 것입니다.

4th week of May
The Story of Ewha Haktang

May 31 marks the founding anniversary of Ewha Haktang, established by Mary F. Scranton. She is often referred to as "Mrs. Scranton the Elder"^{Scranton Dae-bu-in} because she was the mother of William Scranton, the missionary who founded Sangdong Church.

Ewha Haktang was the first educational institution for women in Korea, founded in 1886 in Jeong-dong, Seoul, by Mary Scranton, who was dispatched by the Woman's Foreign Missionary Society. Among the many ministries undertaken by early missionaries, educating women was considered radical, as it challenged the very foundations of the Joseon Dynasty, which had been rooted in Confucianism for centuries.

The educational philosophy of Mary Scranton, the first principal, was to cultivate Korean women into "better Koreans" through Christian education. Her goal was to restore the dignity of Korean women and nurture them into true Korean citizens. In February 1887, Emperor Gojong bestowed the name "Ewha Haktang"梨花學堂 along with a royal plaque. This was comparable to the royally chartered private academies[sa-aek seowon] of Joseon, making Ewha the first modern girls' school officially recognized by the state.

The name "Ewha" means "to be as pure and beautiful as a pear blossom and to bear fragrant fruit." Starting with just one student, the school gradually expanded its curriculum, establishing the Middle School Department in 1904 and the Primary and High School Departments in 1908. This early focus on secondary education showed Ewha's commitment to higher education for women and met the urgent social need for teacher training. In 1908, the school produced its first five middle-school graduates. In 1910, a four-year college department was added, producing Korea's first female college graduates—Shin Ma-shilla, Lee Hwa-sook, and Kim Ae-sik—in April 1914.

Over the years, Ewha continued to evolve. It established Ewha Kindergarten in 1914 and a Kindergarten Teacher Training Department in 1915. In 1917, the Middle School Department was reorganized into a preparatory college course, and in 1918, the Primary Department became an elementary school while the High School Department became a higher common school. In 1925, the college and preparatory departments were reorganized into Ewha Woman's Professional School, and in 1928 the Kindergarten Teacher Training Department became Ewha Childcare School as an independent institution. Through this steady growth, Ewha has blossomed into the university we know today.

6월 첫째 주
귀츨라프 선교사

일반적으로 한국의 개신교 선교 역사는 1885년 4월 5일언더우드의 입국일을 출발점으로 합니다. 그러나 1885년 이전에도 조선을 찾아 온 선교사들이 있었습니다. 박연, 하멜과 같이 바다에서 풍랑을 만나 조선에 들어온 사람도 있었고, 조선 길목인 평양 대동강변에서 순교한 로버트 토마스도 있었습니다.

이번 주는 고대도에서 17일간 머물다 떠난 칼 귀츨라프1832년 이야기입니다. 귀츨라프는 독일인으로 경건주의 요람인 할레 대학에서 공부했습니다. 그 후 베를린 신학교를 마치자 마자 모리슨중국 최초 선교사을 도와 동양선교를 위해 홍콩을 기반으로 선교하고 있던 선교사였습니다.

1823년, 칼 귀츨라프가 베를린 신학교에서 공부할 때 화란선교회Netheland Missionary Society에서 '선교사 모집'정보를 듣고 네덜란드 로틀담에 있는 복음주의 루터교회에서 목사 안수를 받습니다. 그리고 그는 중국 선교의 개척자였던 모리슨 선교사의 영향을 받고 중국 선교에도 뜻을 있어 자바, 싱가포르 지역에서 활동을 전개합니다.

모리슨 선교사와 동역하면서 조선 선교의 기회를 찾던 중에 1832년 동인도 회사 소속 상선, 암허스트호가 조선 서해안 일대를 측량하려는 목적으로 항해를 계획하자, 통역관 겸 의사로 동행합니다. 칼 귀츨라프는 하나님의 섭리 가운데 기회가 열렸다고 믿었습니다. 떠나는 그에게 모리슨은 한문 성경을 주면서 조선 선교를 격려합니다.

1832년 7월, 암허스트호는 충청도의 작은 섬 '고대도'에 정박합니다. 이 배가 조선 정부에 통상의 뜻을 전하고 회답을 기다리던 며칠 동안 칼 귀츨라프 선교사는 중국 성경을 나누어 주면서 선교를 시도합니다. 섬 주민들에게 감자 재배법과 야생 포도주 만드는 법 등을 가르쳤고, 통역관 선비의 도움을 받아 주기도문을 조선말로 번역하기도 했습니다. 그러나 조선 정부가 교역요청을 거절하자, 안타깝게도 암허스트호는 조선을 떠날 수밖에 없게 되어 조선 선교의 결실을 보지도 못한 채 우리 땅을 떠나게 되는 17일간의 짧은 에피소드입니다.

그러나 칼 귀츨라프는 갑판에서 조선 민족을 위해 기도했습니다. "나의 전한 복음이 하나님의 섭리 속에서 열매를 맺게 될 것을 확신합니다. 나는 이것을 믿는 고로 영광에 찬 십자가의 도를 조선인에게 전했습니다. 선물로 증정한 성경을 조선의 국왕이 받아보게 될지는 알 수 없으나 이곳 주인들이 성경을 받앉으니 저들을 통하여 조선 온 땅에 복음이 퍼져 광명의 아침이 찾아와 하나님의 축복이 임할 줄 믿습니다”라고 기도했습니다. 또한 선교본부에 보낸 보고서에 조선에서의 이런 경험을 설명하면서 조선 선교의 필요성을 강조하였는데, 이 칼 귀츨라프의 보고서를 수십 년 후 존 로스와 맥킨타이어를 통해 열매를 보게 된 것입니다.

일본에서는 요한복음의 번역자로 더 잘 알려져 있는 칼 귀츨라프는 1851년, 그의 나이 48세에 홍콩에서 별세하여 홍콩에 안장되었습니다.

1st week of June

Missionary Karl Gützlaff
and the 17-Day Journey to Godaedo

While the official history of Protestant missions in Korea typically begins on April 5, 1885, with the arrival of Underwood and Appenzeller, there were missionaries who reached this "Hermit Kingdom" decades earlier. One such pioneer was the German missionary Karl Gützlaff[1803–1851], who visited the island of Godaedo in 1832.

A graduate of the University of Halle and Berlin Seminary, Gützlaff was deeply influenced by Robert Morrison, the pioneer of Chinese missions. In 1832, he joined the British merchant ship Lord Amherst as an interpreter and physician to survey the western coast of Joseon. During his 17-day stay at Godaedo, Gützlaff distributed Chinese Bibles, taught residents how to grow potatoes and make wine, and—with the help of local scholars—translated the Lord's Prayer into Korean for the first time in history.

Although the Joseon government refused all proposals for

trade and he was forced to leave, Gützlaff prayed fervently from the ship's deck: he was convinced that the Gospel he had sown would one day bear fruit in God's providence and that "a morning of light" would come to all of Joseon. His mission reports strongly emphasized the necessity of evangelizing Korea and later helped inspire missionaries such as John Ross and John Macintyre several decades afterward.

Gützlaff passed away in Hong Kong in 1851 at the age of 48, leaving behind a quiet but enduring legacy as a faithful seed-sower for the Korean people.

아펜젤러의 순직

1885년 4월 5일 입국한 언더우드와 아펜젤러의 발자취는 한국선교 역사에 있어서 위대한 선교 본보기가 되었습니다. 1858년, 미국 펜실베니아 서덜튼에서 태어난 아펜젤러는 1876년 10월, 웨스터 체스트에 있는 장로교회에 신앙생활합니다. 그러던 중 풀턴 목사의 복음적인 설교를 듣고 회심하게 되었으며, 활동적인 신앙생활을 위해 1879년, 감리교회로 이적합니다. 그는 프랭클린 마샬대학을 졸업하고 드루신학교에서 신학을 전공합니다.

아펜젤러는 일본을 선교지로 품었다가 파울러와 가우쳐의 권유로, 고심 끝에 선교지를 조선으로 바꾸게 됩니다. 하나님의 은총입니다. 아펜젤러는 배재학당을 설립하여 교육선교에 최선을 다합니다. 삼문출판사, 정동교회를 설립하는 등 조선에서의 그의 사역은 5년 만에 체중이 180파운드에서 131파운드로 빠질 정도였습니다.

1902년 6월 11일, 목포에서 열리는 성서번역 회의에 참석하기 위해 일본 선박회사 쿠마가와 마루호에 승선하여 목포로 가고 있었습니다. 배에는 아펜젤러와 그의 비서 조한규, 정신여고 학생이 타고 있었습니다. 목포로 항해하던 배가 군산 앞바다, 어청도 부근을 지나던 중 키소가와 선박과 충돌하는데, 그 때가 6월 11일 밤 10시 였습니다.

아펜젤러가 타고 있던 배는 침몰하기 시작했고 사람들은 탈출합니다. 그런데 아펜젤러는 조한규가 선실에서 빠져나오지 못한 것을 알자 그는 조한규를 구하기 위해 침몰하는 배의 선실로 들어갔습니다. 결국 아펜젤러를 비롯한 23명은 바다에서 죽음을 맞이한 것입니다.

1902년 6월 29일, 아펜젤러의 장례식이 거행되었습니다. 장례식에서는 아펜젤러의 헌신적인 사역을 기리기 위해 애국가가 제창되었으며 태극기가 게양되었습니다.

아펜젤러의 사역이 위대한 이유는 대를 이어 사역했다는 것입니다. 장남은 배재학교 교장으로, 장녀는 이화학당 교장으로 사역했으며, 막내딸은 이화학당의 교수로 헌신하다가 별세하여 양화진에 묻혔습니다. 1935년 아펜젤러 기념비가 정동교회에 세워졌으며 1989년 배재학교 총동창회는 양화진에 추모비를 세웠습니다.

The Martyrdom of
Missionary Henry Appenzeller

The footsteps of Missionaries Underwood and Appenzeller, who entered Korea on April 5, 1885, have become a powerful model in the history of missions.

Born in 1858 in Souderton, Pennsylvania, Henry Appenzeller began his faith journey at a Presbyterian church in West Chester in 1876. He experienced a profound conversion after hearing an evangelical sermon by Rev. Fulton and, seeking a more active spiritual life, transferred to a Methodist church in 1879. After graduating from Franklin & Marshall College, he studied theology at Drew Theological Seminary. Although he initially planned to go to Japan, he changed his mission field to Joseon after the encouragement of Bishop Fowler and Dr. Goucher—a clear testimony to God's grace.

In Joseon, Appenzeller dedicated himself to educational mission by founding Baejae Hakdang. He also established the Trilingual Press and Jeong-dong First Methodist Church. His devotion was so intense that his weight dropped from 180 pounds to 131 pounds within just five years.

On June 11, 1902, Appenzeller boarded the Kumagawa Maru, a ship operated by a Japanese company, to attend a Bible translation conference in Mokpo. Accompanying him were his secretary, Cho Han-gyu, and a student from Jeongshin Girls' School. At around 10:00 PM, while sailing near Eocheongdo Island off the coast of Gunsan, the ship collided with another vessel, the Kisogawa. As the ship began to sink and people scrambled to escape, Appenzeller realized that Cho Han-gyu was still trapped in a cabin. In a final act of sacrifice, he dove back into the sinking ship to save him. Tragically, Appenzeller was among the 23 people who lost their lives at sea that night.

On June 29, 1902, a funeral service was held for him. To honor his sacrificial ministry, the Korean national anthem was sung, and the Taegeukgi^{the Korean national flag} was raised. Appenzeller's legacy is even more remarkable because his children continued his work: his eldest son served as the principal of Baejae School, his eldest daughter as the principal of Ewha Haktang, and his youngest daughter devoted her life as a professor at Ewha before being laid to rest at Yanghwajin. In 1935, a memorial monument was erected at Jeong-dong Church, and in 1989, the Baejae School Alumni Association established a memorial stone at Yanghwajin.

6월 셋째 주

양화진 첫 번째 이야기

'양화진' 선교사 묘역에 가보신 경험이 있으신가요? 꼭 한번 들러보시기를 권면합니다. 세상이 감당하지 못했던 하나님의 사람들을 만나는 축복을 누릴 수 있기 때문입니다.

양화진은 서울 합정동 한강변에 조성된 선교사 묘역입니다. 양화진은 고종의 아버지였던 흥선 대원군이 '양이에게 더럽혀진 한강을 사교들의 피로 씻는다'고 천주교 신자들을 죽여 피로 물들게 했던 아픈 역사를 간직한 장소입니다. 또한 양화진은 1884년 12월 발생한 갑신정변, 그 후 일본으로 망명했던 개화파 김옥균을 능지처참했던 장소이기도 합니다.

양화진이 지금처럼 선교사들의 무덤으로 조성된 역사적 배경에는 갑신정변으로 큰 부상을 입은 민비의 조카, 민영익을 외과 수술로 살려내고, 그 결과로 세워진 광혜원후 제중원에 알렌이 초대원장으로 사역합니다. 양화진은 제2대 원장, 존 헤론 선교사의 가슴 아픈 죽음에서 시작됩니다.

"땅끝으로 가라"는 명령을 순종하며 조선 땅을 밟고 울었던 헤론. 존 헤론은 1856년 6월 15일 영국에서 태어나 성장합니다. 그의 아버지는 영국에서 목회하던 목사였습니다. 14세 때 그의 가정은 미국 테네시로 이민 왔습니다. 그가 테네시 의과대학에 입학, 개교 이래 최우수 성적으로 테네시 의과대학을 졸업하는데, 대학에서는 존 헤론에게 의과대학에 남아서 교수로 후진양성에 힘써 달라고 권유합니다.

그러나 존 헤론은 극동 아시아의 작은 나라, 조선에 헌신한 것입니다. 1884년 봄, 해리어트와 결혼하고 미국 북장로교 선교부에서 조선 선교사로 임명받고 1885년 6월 21일 조선에 입국한 것입니다.

조선에 입국한 존 헤론은 환자를 치료하며 헌신했습니다. 자신의 몸을 돌보지 않고 환자들을 치료하던 그는 이질에 감염됩니다. 1890년 7월 26일 그를 돕던 제중원 직원들을 모아놓고 복음을 전하면서 하나님의 부르심을 받습니다. 조선에서 사역을 시작한 지 5년 만에 생긴 죽음이었습니다.

그 당시 조선에는 '4대문 안에는 시신을 매장 못함'이라는 법이 있었습니다. 그렇다고 이 삼복 더위에 시신을 외국인 묘지제물포까지 옮기는 것은 더더욱 불가능한 일이었습니다. 미국 공사, 허드는 서울 근처에 매장지를 달라고 정부에 간청하였고 양화진에 매장 허가를 받고 양화진에 묻힌 1호 선교사가 존 헤론이었습니다.

Yanghwajin Story Part 1:
Missionary John Heron

Have you ever visited the Yanghwajin Foreign Missionary Cemetery? A visit, even just once, is deeply worthwhile. It is a place where you can experience the blessing of encountering people "of whom the world was not worthy."

Yanghwajin is a missionary cemetery located along the Han River in Hapjeong-dong, Seoul. It holds a painful history: it was where the Heungseon Daewongun[father of King Gojong] once executed Catholics in order to "wash the Han River, defiled by Westerners, with the blood of heretics." It was also the site where Kim Ok-gyun, the reformist who fled to Japan after the Gapsin Coup in 1884, was posthumously dismembered.

The story of how Yanghwajin became a missionary cemetery begins with the second director of Gwanghyewon[later Chejungwon]. After Horace Allen saved Min Yeong-ik, the queen's nephew, through Western surgery, Gwanghyewon was established, and later John Heron became its second director. The cemetery's history truly begins with the heartbreaking death of John Heron, who wept for the land of Joseon as he obeyed the Lord's command to "go to the ends of the earth."

John Heron was born on June 15, 1856, in England, where his father served as a minister. At the age of 14, his family immigrated to Tennessee in the United States. He graduated from the University of Tennessee College of Medicine with the highest grades since the school's founding. The university urged him to remain as a professor, but Heron chose instead to dedicate his life to Joseon, a small country in East Asia. In the spring of 1884, he married Harriet, was appointed as a missionary by the Northern Presbyterian Church, and arrived in Joseon on June 21, 1885.

In Joseon, Heron devoted himself wholeheartedly to treating patients. Neglecting his own health to care for others, he eventually contracted dysentery. On July 26, 1890, he gathered the staff of Chejungwon, shared the Gospel with them, and was then called home by God—only five years after beginning his ministry in Korea.

At that time, Joseon law prohibited the burial of bodies within the four main gates of Seoul. Yet it was nearly impossible, in the sweltering midsummer heat, to transport his body all the way to the foreign cemetery in Jemulpo. U.S. Minister Augustine Heard petitioned the government for a burial site near Seoul, and eventually permission was granted for Yanghwajin. Thus John Heron

became the very first missionary to be buried there.

맥클레이 선교사

맥클레이는 1824년 2월 7일, 미국 펜실베니아에서 태어나 1847년, 중국선교사로 파송되어 25년 간을 사역한 선교사입니다. 그리고 1872년부터는 미 감리교 일본대표로 사역합니다. 그의 삶 전부를 중국과 일본에서 사역하면서 미 감리교단의 해외선교가 동양에 집중하도록 헌신했다고 해도 과하지 않습니다.

중국 만주 우장에서 영국의 존 로스가 의주 출신 백홍준, 서상륜 등과 중국성경을 한글로 번역할 때, 일본에서는 미국 성서공회 총무였던 헨리 루미스를 중심으로 미국 감리교 맥클레이와 미국 장로교 조지 낙스의 협력을 받으며 조선인 '이수정'이 조선어로 성경을 번역하고 있었습니다. 이는 선교 한국을 만드시려는 하나님의 기막힌 섭리일 것입니다.

맥클레이는 선교의 문이 열리지 않은 은둔의 나라, 조선에서 왔다는 이수정을 만나면서 조선 선교에 특별한 관심을 갖게 되었습니다. 그리고 일본을 방문한 김옥균 등 조선의 젊은 지성인들을 만나고 그러던 중 미국 볼티모어의 사역하고 있는 디킨스대학 후배였던 가우처 목사가 1883년 9월 워싱턴을 방문하는 견미단보빙사 일행을 대륙횡단열차 안에서 만났다고 하면서, 맥클레이가 직접 조선을 방문해 조선선교에 대한 가능성을 파악해 달라고 부탁하는 전보를 받습니다. 그래서 그는 1884년 6월 24일, 조선에 찾아와 선교 가능성을 타진합니다. 결과적으로 맥클레이가 미국 개신교인으로 처음 조선 땅을 밟은 것입니다.

맥클레이는 2개월 정도 조선에 체류하면서 당시 고위 관직에 있던 김옥균을 통해 조선정부가 북감리교회의 의료, 교육에 윤허하도록 고종에게 청원하여 승락을 받아내는 성과를 만들어 낸 것입니다. 맥클레이는 정동일대에 선교기지를 만들도록 이끄는 한편 미국 클리블랜드에 있는 스크랜튼의 집을 방문하여 조선을 품도록 권면하고 후원 활동을 돕는 등 한국선교의 숨은 개척자였습니다.

결국 미국 감리교 선교부는 스크랜튼 부부와 그의 어머니인 스크랜튼 대부인, 그리고 아펜젤러 부부 등 5명을 선발하여 1885년 2월, 조선에 파송하므로 1885년 4월 5일 부활주일, 아름다운 첫 발걸음이 시작된 것입니다.

4th week of June
Missionary Robert S. Maclay:
The Hidden Pioneer

Robert S. Maclay was born on February 7, 1824, in Pennsylvania. He was commissioned as a missionary to China in 1847 and served there for 25 years. From 1872, he served as the representative of the American Methodist Mission in Japan. He devoted his entire life to ministry in China and Japan, playing a pivotal role in directing the American Methodist Church's overseas missions toward East Asia.

While John Ross was translating the Chinese Bible into Korean with Baek Hong-jun and Seo Sang-ryun in Manchuria, a similar work was taking place in Japan. Under the leadership of Henry Loomis, Secretary of the American Bible Society, and with the cooperation of Robert Maclay and George Knox, a Korean named Lee Su-jeong was translating the Bible into Korean. This was truly the marvelous providence of God preparing Korea for the Gospel.

Maclay developed a special interest in Korea after meeting Lee Su-jeong. He also met young Korean intellectuals visiting Japan, such as Kim Ok-gyun. Around that time, he received a telegram from Rev. John Goucher, a junior from Dickinson College who was serving in Baltimore. Goucher had met the Korean diplomatic mission[Bobingsa] on a transcontinental train in the United States in September 1883 and urged Maclay to personally visit Joseon to assess the possibility of beginning mission work there.

Consequently, Maclay arrived in Joseon on June 24, 1884, becoming the first American Protestant to set foot on its soil for a mission survey. During his two-month stay, he used his connection with Kim Ok-gyun to petition King Gojong, who granted permission for the American Methodist Church to conduct medical and educational work. Maclay not only secured the foundation for a mission station in the Jeong-dong area but also visited the Scranton family in Cleveland, urging and supporting them to embrace the mission to Joseon.

Ultimately, the American Methodist Mission Board selected five individuals—the Scrantons[including Mother Mary Scranton] and the Appenzellers—and sent them to Joseon in February 1885. This led to that "beautiful first step" on Easter Sunday, April 5, 1885.

양화진 두 번째 이야기

시간을 내셔서 '양화진'에 꼭 한번 둘러보기를 권면합니다. 세상이 감당치 못했던 하나님의 사람들을 만날 수 있기 때문입니다. 그곳 양화진은 서울 합정동 한강변에 조성된 선교사들의 묘역입니다. 양화진에 조성된 무덤들의 묘비명을 읽어 보면 가슴이 뭉클해집니다.

'만약 나에게 천 번의 삶이 주어진다면 나는 천 번의 삶을 한국을 위해 모두 바칠 것입니다'라는 루비 켄드릭의 묘비명도 있고, 또한 대를 이어 한국을 위해 헌신했던 언더우드 선교사의 가족묘도 있으며, 1895년 한국에서 일어난 청일전쟁의 부상자들을 치료하다가 전염병에 감염되어 별세한 제임스 홀 선교사의 가족 무덤도 만나게 됩니다.

또한 양화진 묘역에는 애비슨 의료선교사의 무덤도 있습니다. 그는 캐나다 토론토 의대 교수로 재직하다가 조선에 입국하여 열정적으로 의료선교를 하다가 1900년 안식년에 뉴욕에서 열린 선교 컨퍼런스에 참가하여 조선에 병원설립이 절실함을 호소합니다. 그때 에비슨의 선교 보고를 감명깊게 듣던 세브란스라는 기업가가 병원설립 자금을 후원하였고, 얼마 후 병원이 건축된 것입니다. 그리고 후원자를 기리려고 제중원을 세브란스로 바꾼 것이죠. 이 일은 조선 의료 발전에 큰 전환점을 가져다 주었습니다.

감리교 선교의 아버지였던 아펜젤러. 그는 군산 앞바다에서 선박사고로 순직한 후 시신을 못 찾아 기념비만 조성되어 있습니다. 1907년 대구에서 일어난 국채보상운동을 대한매일신보를 통해 우리 민족의 마음을 대신해 주었던 영국인 기자, 베델의 무덤도 있습니다.

또한 양화진에는 '웨스트민스터에 묻히는 것보다 한국 땅에 묻히길 원한다'는 묘비명의 주인공, 헐버트 선교사의 무덤도 있는데 그는 한국인 보다 한국을 더 사랑했던 사람이었으며 을사늑약의 만행을 세계만방에 알리기 위해 상동교회 청년회장인 이준 등을 데리고 네덜란드 헤이그까지 동행하여 역사적 발자취를 남긴 참 귀한 선교사였습니다.

배화학당을 설립, 한국 여성들을 교육하며 선교했던 캠벨 여선교사의 무덤도 양화진에서 만날 수 있습니다. 미국 텍사스 출신인 그녀는 종교 교회와 자교 교회의 산파였죠 캠벨 여선교사의 헌신적인 사역은 참으로 위대했습니다.

Yanghwajin: The Second Story

I highly recommend taking some time to visit Yanghwajin. It is a place where you can encounter "men and women of God" of whom the world was not worthy. Yanghwajin is a missionary cemetery located along the Han River in Hapjeong-dong, Seoul.

Walking through Yanghwajin and reading the weathered epitaphs, you cannot help but be moved to tears. These stones tell stories of lives poured out like water for a people not their own. There you will find the words of Ruby Kendrick: "If I had a thousand lives to give, Korea should have them all." You will also see the family plot of Missionary Underwood, whose family served Korea for generations, as well as the family grave of James Hall, who died from an infectious disease while treating those wounded during the Sino-Japanese War in 1895.

Yanghwajin is also the resting place of medical missionary Oliver R. Avison. While serving as a professor at the University of Toronto Faculty of Medicine in Canada, he moved to Joseon to devote himself passionately to medical missions. During his sabbatical in 1900, he attended a missionary conference in New York and appealed for the desperate need for a hospital in Joseon. A businessman named Louis H. Severance, deeply moved by Avison's report, donated the funds to establish the hospital. To honor this benefactor, the existing hospital, Chejungwon, was renamed Severance. This marked a major turning point in the development of modern healthcare in Joseon.

You can also find a memorial for Henry Appenzeller, the father of Methodist missions in Korea. After losing his life in a shipwreck off the coast of Gunsan, his body was never recovered, so a monument stands in his stead. Nearby is the grave of Ernest Bethell, a British journalist who became the voice of the Korean people through the newspaper Daehan Maeil Sinbo, especially during the National Debt Redemption Movement in Daegu in 1907.

The cemetery also holds the grave of Missionary Homer B. Hulbert, whose epitaph reads, "I would rather be buried in Korea than in Westminster Abbey." He loved Korea more than many Koreans themselves. Hulbert left a historic mark by accompanying Yi Jun, the leader of the Sangdong Church Youth Association, to The Hague in the Netherlands to expose the atrocities of the Eulsa Treaty to the world.

Lastly, you can find the grave of Missionary Josephine Campbell, who founded Paiwha Academy and dedicated herself to educating and evangelizing Korean women. Originally from Texas, she was a pioneering figure in establishing the Jonggyo and Jakyo churches. Her devoted ministry was truly remarkable.

첫 세례자, 노춘경

한국 땅에서 최초로 세례를 받은 사람이 누구인지 아시나요? 1884년 9월 20일, 알렌의 조선 입국 후 그 이듬해부터 많은 선교사들이 입국하면서 교육과 의료에 집중했습니다. 또한 선교사들은 자유롭게 복음을 전할 날을 기도하고 있었습니다.

조선어를 조금 터득하자 언더우드는 조선어로 전도를 시도합니다.

나는 조선어를 좀 알게 되자 나무 밑이나 약수터 근처에 나가 책을 꺼내들고 읽었다. 그러면 사람들이 모여들어 질문을 했다. 나는 이 책은 어떤 것이며 그 뜻하는 바가 무엇인가를 설명했다. 이러한 노방전도는 차츰 확대되어 예배 처소로 발전했다.

언더우드의 이런 노력은 마침내 열매를 맺게 되었는데, 한국 땅에서 최초로 노춘경이 그에게 세례를 받게 된 것입니다. 이는 1886년 7월 11일에 있었던 생생한 역사적 일화입니다.

노춘경은 알렌에게 조선어를 가르치고 있었습니다. 어느 날 알렌에게 조선어를 가르치던 그의 눈에 알렌의 책상 위에 있는 누가복음이 들어왔습니다. 그것은 중국 만주 땅에서 영국인 로스 선교사가 서상륜 등 의주 청년들과 함께 번역한 복음서였습니다. 노춘경은 그 책을 집으로 가져와 밤새도록 읽었고, 다음 날 언더우드에게 이해하기 힘든 부분을 질문했습니다. 노춘경의 눈초리는 진리를 찾으려는 갈망으로 타오르고 있었습니다. 그리고 얼마 후 노춘경은 기독교 진리를 깨닫게 됩니다. 언더우드가 주는 복음서를 읽었으며 교리서도 연구했습니다. 그 후 언더우드는 노춘경에게 세례문답을 합니다.

"이 나라 국법이 기독교 신앙을 금하는데 이 사실을 알고 있는가?"라고 그에게 신중히 생각할 것을 권면합니다. 노춘경은 결연한 표정으로 "그런 상황은 다 알고 있으며 목숨을 걸고 예수님을 믿겠다"고 말했습니다. 노춘경은 언더우드가 묻는 모든 질문에 분명한 말로 대답하며 세례문답에 임했습니다. 피비린내 나는 기독교 박해사건이 사람들의 뇌리에 생생할 그 시기에 진리를 깨닫고 세례를 받았던 것입니다. 노춘경은 "내가 기독교 진리를 깨닫게 된 유일한 길은 복음서를 읽는데 있었다"라고 말했습니다. 언더우드는 벅찬 감격을 누르지 못했습니다. 이는 언더우드가 조선에 입국 후 처음으로 베푼 세례였기 때문입니다.

2nd week of July

The First Baptized, Noh Chun-gyeong

Do you know who the first person to be baptized on Korean soil was? After Horace Allen entered Joseon on September 20, 1884, many missionaries arrived the following year, focusing primarily on education and medicine, all the while praying for the day when they could freely preach the Gospel.

Once he had gained some proficiency in the Korean language, Horace Underwood began to evangelize in Korean. He later recalled:

As soon as I knew a little Korean, I would go out under a tree or near a spring, take out a book, and read it. People would gather around and ask questions. I would then explain what the book was and what it meant. This street evangelism gradually expanded and developed into a place of worship.

Underwood's efforts finally bore fruit when Noh Chun-gyeong became the first person to receive baptism from him on Korean soil, on July 11, 1886. This remains a vivid and historic moment in Korean church history.

Noh Chun-gyeong had been teaching the Korean language to Horace Allen. One day, while teaching him, his eyes fell upon a copy of the Gospel of Luke on Allen's desk. It was the Gospel translated in Manchuria, China, by the British missionary John Ross together with young men from Uiju, including Seo Sang-ryun. Noh took the book home and read it through the night. The next day, he went to Underwood to ask about the parts he found difficult to understand. In Noh's eyes, Underwood saw a burning hunger for truth that would not be satisfied until it found its source.

Soon after, Noh Chun-gyeong came to understand the truth of Christianity. He read the Gospels that Underwood gave him and studied catechism books. Later, Underwood conducted a baptismal examination. He advised Noh to think carefully, asking, "Are you aware that the laws of this country forbid the Christian faith?" With a determined expression, Noh replied, "I am well aware of the situation, and I will believe in Jesus even if it costs me my life."

Noh Chun-gyeong answered all of Underwood's questions with clear conviction during the examination, and he received baptism at a time when memories of bloody persecutions against Christians were still fresh in people's minds. He later remarked, "The only way I came to realize the Christian truth was through reading the Gospels." Underwood could not suppress his overwhelming emotion, for this was the very first baptism he had administered since entering Joseon.

존 맥킨타이어 선교사

만주에서 사역했던 존 로스의 동역자, 존 맥킨타이어는 1837년 7월 18일, 영국 스코틀랜드에서 태어났습니다. 에딘버러 연합장로교 신학교를 졸업, 1865년, 목사안수를 받습니다. 1871년, 중국 선교사로 파송 받아 존 로스와 함께 중국 산동성, 지푸항에 도착한 날이 1872년 8월 23일. 그곳 선교 책임자 알렉산더 윌리엄슨은 로스와 맥킨타이어에게 만주로 건너가서 사역할 것을 조언합니다.

만주에서 사역하던 중 로스의 아내가 첫 아이를 낳고 죽습니다. 그 후 아기의 양육을 위해 로스의 여동생, 캐더린이 만주로 옵니다. 그렇게 사역하던 중 총각이었던 존 맥킨타이어는 캐더린과 사랑에 빠지고 둘은 결혼에 골인하죠.

1873년, 제1차 전도여행 중 로스와 맥킨타이어는 압록강 상류 임강 유역 이양자 마을에서 조선인 만나게 됩니다. 그리고 1874년 봄, 제2차 전도여행을 떠나 고려문에 이르렀습니다. 그

때 이응찬을 만난 맥킨타이어는 조선어를 가르쳐 달라고 요청
합니다. 결국 이응찬은 맥킨타이어를 따라 심양 부근 우장으로
가게 된 것이죠. 이응찬은 맥킨타이어의 어학선생이 된 뒤 1876
년에 백홍준, 이성하 등과 맥킨타이어에게 세례를 받게 되는데
이는 조선인 최초 세례였습니다.

　의주 청년들이 만주에 간지 여러 해가 지났으나 소식이 없
자, 친구였던 서상륜이 행방을 찾을 겸 풍운의 꿈을 품고 만주
로 옵니다. 여러 날 후, 친구들을 만난 서상륜은 국법으로 금하
는 기독교를 믿는 친구들을 보며 겁을 냅니다. 그러던 중 서상
륜이 열병에 걸려 사경을 헤매자 친구들이 주선하여 영국인 선
교사가 있는 병원에 입원시킨 것입니다. 그 서상륜을 맥킨타이
어가 정성으로 치료하며 예수를 전합니다.

　서상륜은 병이 나으면 예수를 믿겠다고 약속했고 결국 완쾌
됩니다. 1879년 봄 어느 날, 감사의 눈물을 흘리며 신앙고백 후
세례를 받습니다. 언어에 탁월했던 서상륜은 성경 번역에 주력
했으며 그 서상륜의 노력으로 최초 조선어 성경이 출판된 것입
니다. 맥킨타이어는 1905년 지푸에서 별세하여 그곳에 묻힙니
다.

Missionary John Macintyre

John Macintyre, a close coworker of John Ross who served in Manchuria, was born on July 18, 1837, in Scotland, UK. After graduating from the United Presbyterian Theological College in Edinburgh, he was ordained as a minister in 1865. In 1871, he was dispatched as a missionary to China and arrived at Zhifu Port in Shandong Province alongside John Ross on August 23, 1872. Alexander Williamson, the mission director there, advised both Ross and Macintyre to cross over to Manchuria to begin their ministry.

While serving in Manchuria, John Ross's wife tragically died after giving birth to their first child, and Ross's sister Catherine came to help raise the baby. During this time of shared ministry, the bachelor John Macintyre fell in love with Catherine, and the two eventually married. In 1873, during their first evange-listic journey, Ross and Macintyre met Koreans in the village of

Iyang-ja along the upper reaches of the Yalu River. In the spring of 1874, they embarked on a second journey and reached Go-ryeomun. There, Macintyre met Lee Eung-chan and asked him to teach him the Korean language. Lee Eung-chan later followed Macintyre to Niuzhuang near Shenyang and became his language teacher. In 1876, Lee Eung-chan, together with Baek Hong-jun and Lee Seong-ha, received baptism from Macintyre—marking the first recorded baptisms of Koreans in history.

When several years passed without any news from the young men of Uiju who had gone to Manchuria, their friend Seo Sang-ryun set out for Manchuria to find them, carrying his own ambitious dreams. Upon reuniting with his friends and discovering that they had become Christians—a faith strictly forbidden by national law at the time—Seo was initially filled with fear. Not long after, Seo Sang-ryun fell gravely ill with a high fever and hovered on the brink of death. His friends arranged for him to be admitted to a hospital where an English missionary was stationed, and it was there that Macintyre treated him with great care while sharing the Gospel. Seo promised that if he recovered, he would believe in Jesus—and he did in fact regain his health.

One spring day in 1879, with tears of gratitude, Seo Sang-ryun made a confession of faith and was baptized. Gifted with an exceptional talent for languages, he then devoted himself to Bible translation. Through Seo Sang-ryun's tireless efforts, the first

Korean translation of the Bible was eventually published. John Macintyre passed away in Zhifu in 1905 and was buried there.

존 헤론 선교사

"땅 끝으로 가라"는 하나님의 명령에 순종하여 한국 땅을 밟은 존 헤론 선교사는 1856년 6월 15일, 영국에서 태어났습니다. 국에서 목회하던 그의 아버지는 헤론이 열네 살 무렵에 미국 테네시 녹스빌로 이민 와 이민 생활을 시작합니다.

존 헤론은 테네시 의과대학에 다니며 기도하던 중에 "이제 준비가 끝났으니 땅 끝으로 가라!"는 음성을 듣고 극동아시아의 작은 나라 코리아 의료선교사로 결단합니다. 존 헤론은 1884년, 해리어트와 결혼하고 미국 북장로교 선교부에서 선교사로 임명받고 1885년 6월 21일, 조선에 입국한 사람입니다. 그리고 알렌의 뒤를 이어 제중원 제2대 원장으로 사역합니다.

1890년 7월 어느 날, 스크랜턴 가족, 아펜젤러 가족, 언더우드 가족, 헤론 가족, 게일 등이 남한산성에서 여름휴가를 보내게 되었습니다. 그러던 중에 존 헤론의 몸에 이상이 생겨 휴가를 앞당겨 끝내고 게일, 스크랜턴과 함께 서울로 되돌아온 것입니다.

점점 심각해져 가는 헤론의 상태를 보며 친구 게일이 말했습니다.

"닥터 스크랜턴, 어떻게 좋은 방법이 없을까요? 남한산성에 있는 부인과 두 딸을 데려와야겠습니다."

게일은 헤론의 가족을 데려오기 위해 남한산성으로 떠났습니다. 헤론의 병상을 지키고 있던 알렌도 침통해 했습니다. 게일이 남한산성에 도착했을 때는 한밤중이었으며 장대비가 쏟아지고 있었습니다. 칠흑 같은 어둠 속에서 장대비를 맞으며 행군을 감행했던 아주 긴 하루였습니다.

데려온 그의 아내와 친구들을 보며 "조선과 조선인들을 더 뜨겁게 사랑하고 싶소"라고 말하는 헤론의 손을 그의 아내가 꼭 잡습니다. "병원에서 일하던 친구들… 나를 아는 조선인들을 다 불러 주시오." 모두가 존 헤론의 침상 주위에 둘러섰습니다.

"나를 사랑해 주고 도와 줘서 감사합니다. 예수님을 믿으세요. 예수님은 여러분을 사랑하십니다"라고 말하는 헤론의 유언은 차라리 최후 설교였습니다. 생명의 불꽃으로 외치는 복음전파였습니다. 그렇게 존 헤론은 1890년 7월 26일, 하나님의 부르심을 받습니다.

우여곡절 끝에 허락받은 양화진. 십자가의 복음을 전하기 위해 조선에 찾아와서 목숨까지 바치고 간 사랑의 의료선교사, 그의 죽음으로 양화진의 역사가 쓰여진 것입니다.

4th week of July
Missionary John Heron

Missionary John Heron, who set foot on Korean soil in obedience to God's command to "go to the ends of the earth," was born in the United Kingdom on June 15, 1856. His father, a minister in Britain, immigrated with the family to Knoxville, Tennessee, in the United States when Heron was around fourteen years old. While studying at the University of Tennessee College of Medicine, Heron heard a voice during prayer saying, "Now that your preparations are complete, go to the ends of the earth!" In response, he committed himself to becoming a medical missionary to Korea, a small country in East Asia.

In 1884, John Heron married Harriet and was appointed as a missionary by the Board of Foreign Missions of the Presbyterian Church in the U.S.A. He entered Joseon on June 21, 1885. Following Horace Allen, he served as the second director of Chejungwon, the first modern royal hospital in Korea.

One day in July 1890, several missionary families—including the Scrantons, Appenzellers, Underwoods, the Herons, and James Gale—were spending their summer vacation at Namhansanseong Fortress. During this time, John Heron's health took a sudden turn for the worse, forcing him to end his vacation early and return to Seoul with Gale and Scranton.

As Heron's condition grew increasingly critical, his friend Gale said, "Dr. Scranton, isn't there anything we can do? I must bring his wife and two daughters from Namhansanseong." Gale set out for the fortress to fetch Heron's family, while Horace Allen stayed by Heron's bedside, filled with grief. By the time Gale reached Namhansanseong, it was the middle of the night and pouring rain. It was a long, exhausting journey through pitch-black darkness and a driving downpour.

When Heron finally saw his wife and friends, he whispered, "I want to love Joseon and the Korean people even more fervently." His wife held his hand tightly. He then said, "Please call all my friends from the hospital… and all the Koreans who know me." Soon, they were all gathered around his bedside. Heron's final words were more like a closing sermon: "Thank you for loving me and helping me. Please believe in Jesus. Jesus loves you." It was a proclamation of the Gospel spoken with the last flickering flame of his life.

John Heron was called home by God on July 26, 1890. After

much difficulty, a burial site was finally granted at Yanghwajin. He was a medical missionary of love who came to Joseon to spread the Gospel of the Cross and ultimately gave his very life. Through his death, the history of the Yanghwajin Foreign Missionary Cemetery truly began.

백령도, 중화동 교회

　1866년 토마스는 제너럴 셔먼호를 타고 백령도를 거쳐 대동강을 통해 평양에 진입하려다 좌초되어 박춘권의 칼에 목베임 당해 순교했습니다. 백령도에 본격적인 복음의 씨앗이 뿌리내리기 시작한 것은 1891년에 정3품 벼슬의 허득과 김성진 두 사람에 의해서였습니다. 허득은 진보적 개화 정치인으로 기독교에 대하여 호의적인 생각을 하던 중, 관군으로 동원되어 동학란의 평정에 참여한 바 있었는데 소래교회로 피난민이 모여들었지만 동학군, 관군 등이 서로 다툼없이 지내는 것을 보고 큰 감동을 받고 마음속에 큰 변화가 일어나 훗날 백령도에 교회를 세우겠다는 결심을 하게 된 것입니다.

　마침내 1898년 6월, 허득과 김성진은 중화동 사람들을 모아 놓고 교회를 세우기로 하고 허득은 장연 소래교회에 가서 서경조를 만나고 1898년 10월 서경조와 여자 전도사, 김씨 부인 등 주민들의 자발적인 참여로 한학 서당에서 중화동 교회를 시작하게 된 것입니다. 그러다 중화동 교회는 허득과 교인들은 소래 교회를 짓고 남은 건축 자재를 지원받으며 1899년 초가 6칸12평 예배당을 간축하게 된 것입니다.

백령도는 중화동 교회를 중심으로 발전하여 지금은 해병대 백령 교회 등 13개 교회와 백령도 85%의 복음화를 자랑하고 있으며 백령도 교회에서 힘을 모아 중화동 교회 옆에 백령 기독교역사관을 세우기 시작, 2001년 11월 20일 준공합니다.

이로써 중화동 교회역사, 백령도, 대청도, 소청도 교회역사를 소개하는 한편 최초 발을 들여놓았던 귀츨라프와 최초 순교자인 토머스의 흔적 등 백령도 기독교역사를 한 눈에 볼 수 있도록 전시하고 있습니다. 이처럼 백령도는 한국기독교의 관문이며 초기 한국선교의 중요 무대였으며 중화동 교회는 백령도의 모교회로 백령 기독교역사관과 함께 기독교역사를 증거하고 있습니다.

Baengnyeongdo and Junghwa-dong Church

In 1866, Robert Jermain Thomas boarded the General Sherman and passed by Baengnyeongdo Island on his way toward Pyongyang via the Taedong River. When the ship ran aground, he was martyred, beheaded by Park Chun-gwon.

The seeds of the Gospel began to take root in Baengnyeongdo in earnest in 1891 through two officials of third rank, Heo Deuk and Kim Seong-jin. Heo Deuk was a progressive politician who viewed Christianity favorably. While mobilized with the government army to suppress the Donghak Rebellion, he witnessed refugees gathering at Sorae Church and was deeply moved to see Donghak rebels and government soldiers coexisting there without conflict. This experience brought about a profound change in his heart and led him to resolve to establish a church on Baengnyeongdo Island one day.

Finally, in June 1898, Heo Deuk and Kim Seong-jin gathered

the residents of Junghwa-dong and decided to plant a church. Heo Deuk traveled to Sorae Church in Jangyeon to meet Seo Gyeong-jo. In October 1898, with the voluntary participation of local residents—together with Seo Gyeong-jo, a female evangelist, and a woman known as Mrs. Kim—Junghwa-dong Church began holding its first services in a traditional village school[seodang]. With leftover construction materials provided by Sorae Church, Heo Deuk and the congregation then built a six-kan[about 40 square meters] thatched-roof chapel in 1899.

Since then, Baengnyeongdo has flourished around Junghwa-dong Church. Today, the island is home to 13 churches—including the Marine Corps Baengnyeong Church—and boasts an evangelization rate of about 85 percent. The churches on the island joined forces to build the Baengnyeong Christian History Museum next to Junghwa-dong Church, which was completed on November 20, 2001.

The museum introduces the story of Junghwa-dong Church and the church histories of Baengnyeongdo, Daecheongdo, and Socheongdo. It also preserves traces of Karl Gützlaff, the first missionary to set foot on the island, and Robert Jermain Thomas, its first martyr, offering a panoramic view of Baengnyeongdo's Christian heritage. In this way, Baengnyeongdo has served as a gateway of Korean Christianity and a key stage of early mission work, with Junghwa-dong Church standing as the island's "mother church" alongside the history museum to bear witness to this spiritual legacy.

벙커 선교사

벙커D.A.Bunker는 1853년 8월 10일, 미국에서 태어나 뉴욕 유니온 신학교에서 신학을 전공합니다. 이 무렵 조선과 미국은 조미수호통상조약을 체결하고 조선은 근대식 교육기관인 육영공원을 설립한 후 미국 측에 영어 교사를 보내줄 것을 요청했습니다. 이에 유니온 신학교는 졸업반인 벙커와 길모어, 재학생인 헐버트 등 3명을 추천하여 이들 3명은 1886년 5월, 의료 선교사 엘러스와 같이 미국을 출발하여 1886년 7월 4일, 마침내 조선에 입국한 것입니다.

벙커는 1887년 엘러스와 결혼한 후 육영공원이 폐쇄될 때까지 8년 동안 교사 생활을 한 후에 배재학당으로 옮겨 미 감리회 소속으로 활동합니다. 1902년 6월 11일 아펜젤러 선교사 순직 후 배재학당의 교장이 되어 후임인 신흥우에게 교장을 인계하고 1911년까지 교육 발전에 열정을 쏟으며 우리 민족을 섬겼으며 1892년 교육공로를 인정받아 정3품 당상관에 오릅니다. 또한 음악에 조예가 깊어 1896년, 독립문 정초식이 거행될 때 윤치호가 작사한 국가를 스코틀랜드 민요에 맞춰 학생들에게 가르쳐 부르게 하는 등 한국 최초의 애국가를 만들기도 했습니다.

한편, 1895년 명성황후가 시해되고 고종이 극도의 불안 상태에 있을 때, 벙커, 게일, 언더우드, 에비슨 선교사가 번갈아 왕실에 들어가 고종황제의 산변을 보호했습니다. 또한 독립협회 지도자였던 이상재, 남궁억 등과 이승만, 신흥우 등 많은 독립운동가가 투옥되었을 때 정부의 허가를 받아 감옥을 출입하면서 석방운동을 펴치며 수감자들을 위로, 상담했습니다.

벙커는 1896년 이후 동대문교회에서 목회 활동도 전개 합니다. 1905년 9월 11일 조교파 한국 복음주의 선교단체 연합공의회를 조직하여 하나의 한국 교회연합을 지향하는 역사적 운동도 전개하였습니다. 1908년, 성서보급을 위하여 미국 성서공회 책임자로도 활동합니다. 그 후 1926년 7월 4일, 73세에 은퇴한 후 부인과 미국으로 돌아갑니다. 1932년 11월 28일, 80세에 캘리포니아 샌디에이고에서 별세했습니다.

벙커는 나의 유골을 한국 땅에 묻어달라고 유언하여 그의 부인이 남편의 유해를 한국에 가져와 1933년 4월 8일, 정동제일감리교회에서 고별예배를 드링 후 양화진 제1묘역에 안장했습니다. 벙커의 묘비에는 이런 글이 쓰여 있습니다.

날이 새고 흑암이 물러갈 때까지…

2nd week of August
Missionary D. A. Bunker

Dalzell Adelbert Bunker was born on August 10, 1853, in the United States and studied theology at Union Theological Seminary in New York. Around this time, Joseon and the United States signed the Shufeldt Treaty^{Treaty of Peace, Amity, Commerce, and Navigation}. After establishing Yugyoung Gong-won, a modern educational institution, the Joseon government requested that the United States send English teachers. Union Theological Seminary recommended three men: seniors Bunker and Gilmore, and undergraduate student Homer Hulbert. These three, together with medical missionary Annie Ellers, departed from the United States in May 1886 and arrived in Joseon on July 4, 1886.

After marrying Annie Ellers in 1887, Bunker spent eight years teaching at Yugyoung Gong-won until it was closed. He then moved to Pai Chai Academy and served under the American Methodist Mission. Following the death of Missionary Henry

Appenzeller in the shipwreck of June 11, 1902, Bunker became principal of Pai Chai Academy. He poured his energy into educational development and service to the Korean people until 1911, when he handed over the principalship to Shin Heung-woo. In recognition of his contributions to education, he was appointed to the high government rank of jeong-3-pum dangsanggwan in 1892.

Bunker was also deeply knowledgeable in music and helped shape Korea's first national anthem. At the cornerstone-laying ceremony for the Independence Gate in 1896, he taught students a national song with lyrics written by Yun Chi-ho, set to the Scottish folk tune "Auld Lang Syne."

In 1895, after the assassination of Empress Myeongseong left King Gojong in a state of extreme anxiety, missionaries Bunker, James Gale, Horace Underwood, and Oliver R. Avison took turns entering the royal palace to watch over the king and protect his meals. Later, when independence leaders such as Yi Sang-jae, Namgung Eok, Syngman Rhee, and Shin Heung-woo were imprisoned, Bunker obtained government permission to visit the prison, offering comfort and counsel to the inmates while actively working for their release.

From 1896, Bunker also engaged in pastoral ministry at Dongdaemun Church. On September 11, 1905, he helped organize a joint council of evangelical mission societies in Korea, launching a historic movement toward unity within the Korean church. In 1908, he served as the representative of the American Bible Society in Korea to promote the distribution of the Scriptures. He retired at the age of 73 on July 4, 1926, and returned to the United States with his wife.

Bunker passed away at the age of 80 on November 28, 1932, in San Diego, California. Honoring his final request—"Please bury my remains in the land of Korea"—his wife brought his remains back to Korea. After a farewell service at Chungdong First Methodist Church on April 8, 1933, he was laid to rest in the first section of the Yanghwajin Foreign Missionary Cemetery. His epitaph reads:

Until the day dawn and the shadows flee away···

교단 분열의 역사

예루살렘교회는 초대형 교회였을 것입니다. 사도들이 목회하던 공동체였으니 말이 필요 없겠죠? 오순절 성령강림으로 시작된 예루살렘교회. 대표사도였던 베드로의 설교로 수천 명이 돌아옵니다. 그런데 그 예루살렘교회도 하나님께서는 흩으셨습니다.

한국의 교회역사를 살펴보면 예수와 그리스도가 싸우기도 합니다. 예수교 장로와와 기독교 장로회, 기독교 감리회와 예수교 감리회 등 분열이 좋은 것은 아니지만 이 분열의 역사 속에서도 하나님은 복음이 확장되는 기회로 만드셨음을 알 수 있습니다.

1885년 4월 5일, 언더우드 선교사가 한국 장로교의 기초를 놓고 1901년, 사우엘 마펫 선교사를 중심으로 평양신학교가 세워집니다. 평양신학교는 1907년 최초의 졸업생 7명을 배출하였으며 7인의 목사 중, 이기풍 목사를 제주 선교사로 파송하며 복음화에 속도를 내기 시작합니다. 그렇게 한국 장로교회의 초창기 때 모습은 무척 건강했었습니다. 일제시대, 신사참배에도 굴하지 않는 저력을 보여주었죠.

1945년 8월 15일, 꿈에 그리던 광복을 맞이하고 난 후 한국 교회에 위기가 찾아옵니다. 일제시대, 신사참배를 반대한 한상동 목사가 문제를 제기하고 결국 고려파로 분열됩니다. 그러나 이 분열은 서막에 불과했습니다. 그리고 한국전쟁 속에 1953년 한국 교회에 자유주의 바람을 일으킨 김재준 목사는 한국신학교, 이른바 기독교 장로회 측으로 분열되었습니다.

1897년 3월 5일, 미국 남장로교 선교사, 유진벨과 유진벨에게 한국어를 가르쳤던 변창연씨가 목포 만복동에 천막을 치고 시작된 전남, 목포 최초 교회인 양동교회도 1953년 8월 16일 총회의 분열로 양동교회는 기장 측으로 양동제일교회는 예장 측으로 분열됩니다.

또한 1959년-1960년, 박형용 목사가 총회신학교를 건축할 때 사기 사건에 휘말리기 되고 이를 계기로 에큐메니칼 운동 문제로 에큐메니칼 운동을 찬성한 통합 측과 반대한 합동 측으로 분열되는 아픔의 역사를 쓰고 말았습니다.

The History of Denominational Division

The Jerusalem church must have been a kind of "mega-church." As a community led by the apostles themselves, its greatness needs no further explanation. Beginning with the outpouring of the Holy Spirit at Pentecost, the Jerusalem church saw thousands of people turn to God through the preaching of Peter, the leading apostle. Yet even that church was eventually scattered by God.

Looking at the history of the Korean church, there were times when it seemed as if "Jesus" and "Christ" were fighting each other. Denominational splits took place—for example, between the Presbyterian Church of Korea[PCK] and the Presbyterian Church in the Republic of Korea[PROK], and between the Korean Methodist Church[KMC] and the Jesus Methodist Church. Division is never good in itself, yet even in this painful history of fragmentation, God has turned such moments into opportunities for the further spread of the Gospel.

On April 5, 1885, Missionary Horace G. Underwood laid the foundation for the Korean Presbyterian Church. In 1901, Pyongyang Theological Seminary was founded under the leadership of Missionary Samuel A. Moffett. In 1907, the seminary graduated its first seven students, and among them Pastor Lee Ki-pung was sent as a missionary to Jeju Island, accelerating the work of evangelization. In those early days, the Korean Presbyterian Church was remarkably healthy and later displayed great spiritual strength by resisting Shinto shrine worship during the Japanese colonial period.

After the long-awaited liberation of August 15, 1945, however, a new crisis arose. Pastor Han Sang-dong, who had opposed Shinto shrine worship under Japanese rule, raised serious questions that eventually led to a split and the emergence of the Koryo-pa[Kosin] branch. But this was only the beginning. In the midst of the Korean War, in 1953, Pastor Kim Jae-jun, associated with the rise of theological liberalism in the Korean church, led a movement that resulted in a split centered around Hankuk Theological Seminary and the formation of what became the Presbyterian Church in the Republic of Korea[PROK].

A vivid example of this pain can be seen in Yangdong Church, the first church in Mokpo, South Jeolla Province, which began on March 5, 1897, when American Southern Presbyterian missionary Eugene Bell and his Korean language teacher, Byun Chang-yeon, pitched a tent in Manbok-dong. After the General Assembly division on August 16, 1953, the congregation itself split: Yangdong Church joined the PROK [Kijang] side, while Yangdong Jeil Church joined the PCK [Yejang] side.

Further division came between 1959 and 1960, when Pastor Park Hyung-yong became embroiled in a fraud scandal related to the construction of the General Assembly Theological Seminary. This controversy became the spark for a larger conflict over the Ecumenical Movement. In the end, the Presbyterian church in Korea suffered another painful split into the Tonghap faction, which supported the Ecumenical Movement, and the Hapdong faction, which opposed it.

부흥운동

‘부흥’ 이라는 말을 우리와 하나님과의 거리로 생각해 보면, 우리와 하나님과의 거리가 가까와 지면 부흥이 찾아오게 되고 우리와 하나님과의 거리가 멀어지면 부흥도 사라진다는 것입니다.

사도행전에는 예루살렘 교회의 부흥이 기록되어 있습니다. 예수님의 승천을 목격한 120명이 마가의 다락방에 모였습니다. 그리고 기도했습니다. 성령강림 후 예루살렘 교회가 시작되고 부흥이 시작됩니다. 기도가 부흥의 불씨였다는 점을 주목해야 합니다.

한국에도 전 세계가 깜짝 놀랄만한 부흥이 있었습니다. 1907년, 평양에서 일어났던 "평양 대부흥운동"을 말합니다. 그런데 평양 대부흥운동이 일어나기 3년 전, 원산에서의 집회를 기억하는 사람은 그리 많지 않았습니다. 1904년 8월 24일 원산, 감리교 여선교사님들의 집회였죠. 캐나다에서 파송 받은 하디 선교사가 강사였습니다. 그는 "조선인을 미개한 민족이라고 생각했던 자신의 교만"을 회개했고 그 회개가 밑거름이 되어 한반도 전역에 회개운동이 확산된 것입니다. 이 원산의 불씨가 1907년 평양 대부흥운동의 발화점이 된 것이죠.

1907년 1월 사경회에서 길선주 목사는 "죽은 친구의 돈을 빼돌린 것을 회개"함으로 평양에 부흥의 불길을 당기게 됩니다. 회개가 부흥의 강력한 불씨라는 점을 주목해야 합니다. 평양 대부흥운동은 100만 인 구령운동으로 전개됩니다. 왜냐하면 부흥 다음 단계가 선교이기 때문입니다. 회개를 통한 부흥, 부흥 다음 단계인 선교로 나아가 한국과 미국에 다시 한번 부흥이 찾아오기를 갈망합니다.

4th week of August

The Revival Movement

If we think of the word "revival" in terms of our distance from God, we find that when the distance between us and God narrows, revival comes; when that distance grows, revival fades.

The Book of Acts records the great revival in the Jerusalem church. One hundred and twenty people who had witnessed the ascension of Jesus gathered in the Upper Room of Mark's house and prayed. After the Holy Spirit descended, the Jerusalem church was born, and revival broke out. It is vital to note that prayer was the spark that ignited this revival.

Korea also experienced a revival that astonished the world: the Pyongyang Great Revival of 1907. Yet not many people remember the earlier gathering in Wonsan that took place three years before Pyongyang. On August 24, 1904, in Wonsan, a meeting was held by female Methodist missionaries, with Canadian missionary William Blair Hardie as the speaker. During that meeting, he publicly confessed and repented of his arrogance in looking down on Koreans as a "primitive people." His repentance became the starting point for a wave of confession that spread across the Korean Peninsula, and this Wonsan spark became the ignition point for the 1907 Pyongyang Great Revival.

In January 1907, during a Bible study gathering[sakyung-hoe], Pastor Kil Sun-ju further fanned the flames of revival in Pyongyang by confessing that he had embezzled money from a deceased friend. It is crucial to recognize that repentance is the powerful spark of revival.

The Pyongyang Great Revival eventually developed into the "Million Souls for Christ" movement. Revival naturally overflows into mission, because the next step after revival is always sending. There is a deep longing for such a revival—born of repentance and flowing into mission—to visit Korea and America once again, leading the church forward into a renewed commitment to reach the world.

9월 5일은 특별한 날

1816년 9월 5일, 충남, 마량진에 성경이 전달된 날입니다. 한국의 선교과정은 일반적인 선교 프로세싱과는 확연히 달랐습니다. 한국에 선교사가 입국하기 전, 성경이 먼저 전달되었다는 것입니다.

지금으로부터 약 200여 년 전 1816년 9월 5일, 조선 순조 때였습니다. '조선 근해를 측량하라'는 영국 정부의 명령으로 영국인 바실 홀과 머레이 맥스웰이 조선 서해안을 측량하며 항해하고 있었습니다. 그러던 중, 그들은 충남 서천, 마량진에 정박하게 되었으며 마량진에 성경KJV을 전해주었다는 역사입니다.

영국으로 돌아간 바실 홀은 조선을 방문한 경험을 '코리아 서해안 항해기'에 기록하여 코리아를 알리기도 했습니다. 성경이 전해진 한국. 한국 선교역사는 성경으로 시작되었다는 사실입니다. 충남 서천, 마량진에는 '한국 최초 성경전래지'라는 기념비가 세워져 있습니다. 그곳에 있는 아펜젤러 순직기념관도

둘러보면 의미 있는 여행이 될 것입니다.

토마스는 원래 중국에 파송된 영국 선교사였습니다. 토마스는 신학교를 졸업하고 결혼한 후 곧바로 중국으로 떠납니다. 수개월의 항해 끝에 중국에 도착했으나 행해 여덕으로 도착한 지 얼마되지 않아 임신 중이었던 그의 아내가 세상을 떠나게 됩니다. 실의에 빠진 토마스는 선교사직을 내려놓고 산동성의 지푸 항구 세관에 취직을 하며 시간을 보내다가 한국 선교의 보이지 않는 손, 스코틀랜드 성서공회의 중국지부 총무였던 윌리엄슨을 만나서 그를 통해서 그 동안의 아픈 상처들을 치유받게 됩니다. 그리고 선교지를 중국에서 조선으로 바꾸게 된 것이죠.

흥선 대원군의 쇄국정책으로 빗장을 걸었던 은둔의 나라, 조선. 토마스는 미국 상선 제너럴셔먼호를 타고 대동강변에 도착합니다. 1866년 9월 5일, 토마스는 죽는 순간까지도 성경을 전해 주었습니다. 우리 민족의 선교는 그의 순교 속에서 성경 전달이었습니다. 토마스가 전해주었던 성경은 여관의 도배지로 사용되었으며 그 여관이 후에 널다리교회가 되었고 장대제교회로 성장하다가 평양 대부흥운동의 장대현교회로 발전되는 역사를 써 간 것입니다.

토마스 선교사를 죽였던 박춘권도, 성경을 받았던 12살의 최치량도, 성경으로 자기 집을 도배했던 박영식도, 훗날 모두 하나님의 사람으로 거듭나게 되었습니다. 하나님의 말씀인 성경은 살아 있었습니다.

September 5th Is a Special Day

September 5, 1816, marks the day the Bible was first delivered to Maryangjin in Chungnam. The missionary history of Korea is distinctly different from that of many other nations, in that the Bible arrived even before any missionaries officially entered the country.

About 200 years ago, on September 5, 1816, during the reign of King Sunjo of the Joseon Dynasty, British captains Basil Hall and Murray Maxwell were sailing along the west coast of Joseon under the British government's orders to "survey the coastal waters of Joseon." During their voyage, they anchored at Maryangjin in Seocheon, Chungnam, and historically presented a King James Bible to local officials.

Upon returning to Britain, Basil Hall recorded his experience visiting Joseon in his book A Voyage of Discovery to the West Coast of Corea, thus introducing Korea to the West. The history of Korean missions, in a real sense, began with the Bible. Today, a monument stands at Maryangjin in Seocheon, marking it as the "First Site of Bible Arrival in Korea," and a visit to the nearby Appenzeller Memorial Hall makes for a deeply meaningful journey.

Another significant event occurred exactly fifty years later. Robert Jermain Thomas was originally a British missionary sent to China. After graduating from seminary and getting married, he left immediately for China. Though he arrived after a voyage of several months, his pregnant wife died soon after landing due to the hardships of the journey. Stricken with grief, Thomas resigned from his missionary post and took a job at the customs office in the port of Zhifu, Shandong Province.

During that time, he met Alexander Williamson, the China agent for the National Bible Society of Scotland—often called the "invisible hand" behind Korean missions. Through Williamson's ministry, Thomas found healing for his deep wounds and decided to change his mission field from China to Joseon.

Joseon was then known as the "Hermit Kingdom," having locked its gates under the isolationist policy of the Daewongun. Thomas boarded the American merchant ship General Sherman and sailed up to the banks of the Taedong River. On September 5, 1866, he continued to hand out Bibles right up to the moment of his death. The beginnings of mission to our people were marked by the giving of the Scriptures in the very midst of his martyr-dom.

The Bibles Thomas distributed were later used as wallpaper in an inn. That inn eventually became Nuldari Church, which later grew into Jangdaeje Church, and finally developed into Jangdae-hyun Church—the epicenter of the Pyongyang Great Revival. Park Chun-gwon, the man who killed Missionary Thomas; Choi Chi-ryang, the twelve-year-old boy who received a Bible; and Park Young-sik, who papered his house with Bible pages—all were eventually reborn as people of God. The Bible, the living Word of God, was truly at work.

무어 선교사

종로2가에 위치한 승동교회를 설립한 무어 선교사는 1860년 9월 15일 미국 일리노이 그랜드릿지에서 태어났습니다. 무어는 한국선교역사와 아주 밀접한 멕코믹 신학교 출신으로 신학교를 졸업한 후 미국 북장로 교단에서 파송을 받고 1892년 9월 18일 조선에 입국했습니다.

1892년 겨울, 지금의 서울 을지로 입구, 롯데호텔 자리인 곤당골에서 고아 6명을 모아놓고 학교를 먼저 시작했으며, 그 이듬해 곤당골 교회를 설립하여 목회를 시작했습니다. 지금의 승동 교회는 새문안 교회에 이어 두 번째로 세워진 교회로 승동교회에서 있었던 재미있는 에치소드 하나를 소개하겠습니다.

곤당골교회에 백정이었던 박성춘이 출석하였습니다. 어느 날, 박성춘이 열병에 걸려 사경을 헤매게 되자 무어 선교사는 지금의 세브란스 병원의 원장이자 고종의 어의였던 에비슨 박사를 데리고 와서 백정 박성춘을 치료를 해줍니다. 그 당시 조선 상황으로는 상상도 못 할 일이 벌어졌습니다. 열병을 치료받은 백정 박성춘은 무어 선교사에게 세례를 받고 열심 있는 성도로 거듭나게 되었는데 1894년의 일이었습니다.

그 일 후로 곤당골교회에는 많은 천민들이 출석하게 되었습니다. 그런데 그 교회를 출석하던 양반 교인들에게는 불편한 일이었습니다. 마침내, 속 불편한 양반들이 곤당골교회를 탈퇴한 후 1894년 4월 20일, 서울 광교 옛 조흥은행 본점 뒷골목에 홍문동교회를 설립한 것입니다.

그러던 중 곤당골교회에 화재가 발생하여 예배당이 전소되었고, 이 화재로 곤당골교회와 홍문동교회가 화합되는 계기가 됩니다. 그리고 1911년, 백정 박성춘은 곤당골교회의 장로가 된 것입니다. 박성춘의 아들 박서양은 곤당골교회에서 운영하던 예수학당을 졸업한 뒤 오늘의 세브란스 의대에 입학하고 1908년 제1회 졸업생되었다는 이야기입니다.

사랑의 사도 무어 선교사는 가난하고 억눌림 당한 천민들에게도 십자가의 사랑으로 복음을 전하다가 그만 장티푸스에 감염되어 1906년 12월 22일 제중원에서 별세하고 양화진에 묻혔습니다.

2nd week of September
Missionary Samuel F. Moore

Missionary Samuel F. Moore, the founder of Seungdong Church in Jongno 2-ga, was born on September 15, 1860, in Grand Ridge, Illinois, USA. He graduated from McCormick Theological Seminary, an institution closely tied to the history of Korean missions, and, after being ordained by the Presbyterian Church in the U.S.A., arrived in Joseon on September 18, 1892.

In the winter of 1892, at a place called Gondanggol—the current site of the Lotte Hotel near Euljiro Entrance in Seoul—he began his work by gathering six orphans and starting a small school. The following year, he founded Gondanggol Church and began his pastoral ministry there. Seungdong Church is histor-ically significant as the second Presbyterian church planted in Seoul, following Saemunan Church.

There is a striking episode associated with this church in-volving a man named Park Seong-chun, who belonged to the baekjeong class, the "untouchables" or butchers of the Joseon social hierarchy. One day, Park fell gravely ill with typhoid fever and hovered on the brink of death. In an extraordinary act for that era, Moore brought Dr. Oliver R. Avison—then director of the hospital and royal physician to King Gojong—to treat this despised outcaste. In the social context of the Joseon Dynasty, this was unimaginable. Healed from his illness, Park Seong-chun was baptized by Missionary Moore in 1894 and was reborn as a devout believer.

After this, many from the lower classes began to attend Gondanggol Church, which caused great discomfort among the yangban[aristocrat] members. Eventually, the dissatisfied aristocrats left and, on April 20, 1894, established Hongmundong Church in an alley behind the old Chohung Bank building at Gwanggyo in Seoul. Later, a fire completely destroyed the Gondanggol Church chapel, and this tragedy became the catalyst for reconciliation: Gondanggol and Hongmundong churches were reunited.

In 1911, the former butcher Park Seong-chun made church history by becoming an elder of the congregation. His son, Park Seo-yang, graduated from the "Jesus School" run by the church and went on to enroll in the medical school that would become today's Severance Medical College. In 1908, he became a member of its very first graduating class.

Missionary Moore, remembered as an apostle of love, tirelessly preached the Gospel of the Cross to the poor and oppressed of the lowest classes. He eventually contracted typhoid fever and passed away at Chejungwon on December 22, 1906. His body was laid to rest at the Yanghwajin Foreign Missionary Cemetery.

로제타 홀 선교사

로제타는 1865년 9월 19일, 미국 뉴욕 리버티에서 태어났으며 1889년 펜실베니아 여자 의과대학을 졸업하고 1890년 조선에 입국합니다. 로제타 홀 의료선교사는 헌신적으로 환자를 치료하며 사역했습니다. 1892년 6월 27일 제임스 홀 의료선교사와 조선에서 결혼했습니다. 벙커 선교사의 주례로 조선에서 거행된 서양식 결혼은 화제가 되었죠. 그렇게 시작된 행복은 그다지 길지 않았습니다. 그녀의 남편 제임스 홀이 1894년 일어난 청일전쟁의 부상자들을 치료하다가 발진티부스에 감염되어 1894년 11월 24일 34세의 나이애 하나님의 부르심을 받은 것입니다. 노블 선교사의 집례로 거행된 장례식 후 양화진에 안장되었죠.

남편을 잃은 로제탈 홀 선교사는 평양에 그의 순교적 헌신을 기억하라는 의미로 기홀홀을 기념병원을 세우기도 했습니다. 또 서울 목동에 위치한 이화여자대학병원의 전신인 보구여관은 로제타 홀의 헌신적인 사역으로 발전된 것입니다. 또한 로제타 홀은 자신을 돕던 김점동을 미국 볼티모어에서 의학을 공부하도록 주선하여 한국인 최초 여의사를 만든 사람입니다.

로제타 홀은 맹아학교를 세워 한국에서 최초로 점자교육을 실시하는 등 시각 장애우들을 위해서도 헌신했습니다. 로제타 홀은 한국 의료사역의 기초를 놓은 선교사였으며 수많은 여성들을 교육하여 여성들의 인권을 신장시키고, 여성들의 권익을 한 단계 높였던 선교사였습니다.

은퇴하신 후 미국으로 돌아가 생활하다가 1951년 미국 뉴저지에서 별세하여 평소 로제타 홀 선교사의 유언에 따라 그녀의 유골은 화장되어 그녀의 남편 제임스 홀과 딸이 묻혀있는 양화진에 안장된 것입니다.

로제타의 아들 셔우드 홀은 김정동을 이모라 부르며 잘 따랐는데, 김점동의 남편이 미국 볼티모어 결핵으로 죽고 김점동도 10년 후 한국에서 결핵으로 생을 마감합니다. 그래서 셔우드 홀은 결핵 퇴치를 위해 헌신하기로 결심하고 의학을 공부한 후 의료 선교사가 되어 그의 부모님의 선교사역을 이어갑니다. 1932년 한국에서 최초의 결핵 실을 만든 분이 셔우드 홀이었습니다.

Missionary Rosetta Hall

Rosetta Sherwood Hall was born on September 19, 1865, in Liberty, New York. After graduating from the Woman's Medical College of Pennsylvania in 1889, she arrived in Joseon in 1890. As a medical missionary, she devoted herself to treating patients and carrying out her ministry. On June 27, 1892, she married fellow medical missionary James Hall in Joseon, and their Western-style wedding, officiated by Missionary D. A. Bunker, became a major topic of interest at the time.

Their happiness, however, did not last long. While treating the wounded from the Sino-Japanese War in 1894, her husband James Hall contracted typhus and was called home by God on November 24, 1894, at the age of 34. Following a funeral service led by Missionary William A. Noble, he was laid to rest at the Yanghwajin Foreign Missionary Cemetery.

In memory of her husband's martyred devotion, Rosetta Hall established Kihall Hospital[Hall Memorial Hospital] in Pyongyang. She also played a vital role in developing Bogu Yeogwan, the institution that later became the Ewha Womans University Medical Center now located in Mok-dong, Seoul. Furthermore, she arranged for her assistant Kim Jeom-dong—better known by her Christian name, Esther Park—to study medicine in Baltimore, USA, helping her become the first female Korean physician.

Rosetta Hall was also deeply committed to serving the visually impaired. She founded a school for the blind and was among the first to introduce Braille education in Korea. Through these labors, she laid a significant portion of the foundation for medical missions in Korea and greatly advanced the status and rights of Korean women by educating and empowering them.

After retiring and returning to the United States, she passed away in New Jersey in 1951. In accordance with her wishes, her remains were cremated and interred at Yanghwajin, where her husband James Hall and their daughter were already buried.

Her son, Sherwood Hall, grew up very close to Kim Jeom-dong, even calling her "Aunt." When Kim's husband died of tuberculosis in Baltimore and Kim herself passed away from the same disease ten years later in Korea, Sherwood resolved to devote his life to combating tuberculosis. After studying medicine and becoming a medical missionary, he carried on his parents' legacy. In 1932, Sherwood Hall introduced the very first Christmas Seals in Korea to support the fight against tuberculosis.

새문안교회 이야기

1885년 1월 25일 일본 요코하마에 도착한 언더우드는 조선인 청년 이수정에게 조선어를 배우는 등 선교훈련을 하다가 1885년 4월 5일, 부활주일 이수정이 번역한 마가복음을 품고 제물포에 도착하여 조선 선교를 시작한 것입니다.

언더우드는 선교의 포문을 연 지 2년 후 1887년 9월 27일, 14명의 신자들과 그의 사랑방에서 서상륜, 백홍준을 장로로 세우고 한국 개신교 역사상 최초 조직 교회인 새문안교회가 설립된 것입니다. 새문안교회 설립보다 2~3년 전, 황해도 장연에 소래교회가 세워져서 한국 최초 교회가 소래교회인 것은 맞는 말지만 미조직 교회였으므로 조직 교회인 새문안교회를 최초 교회라고 주장하는 것입니다.

새문안교회는 14명의 교인 대부분이 서상륜 장로에 의해 입교한 의주 출신의 사람들이었기 때문에 민족적인 성격이 강했습니다. 이 새문안교회에서 경신 학당이 고아들의 학교로 출발

했습니다. 언더우드가 1대 담임목사였고 한국인 목사가 부임한 것은 1920년 3대 목사 차재명 목사가 목회할 때부터였습니다. 새문안교회가 세워진 후 서울 경기 여러 곳에 교회설립을 지원하는 등 새문안교회는 여러 교회들의 모교회로서 역할을 감당해 왔던 것입니다. 또한 이 새문안교회를 통해서 최현배, 홍난파를 비롯한 저명한 학계, 종교계의 인사들을 배출되기도 했습니다.

한국 선교역사의 있어서 언더우드의 업적은 실로 큰 산이었습니다. 그에 의해 새문안교회와 경신 학당, 연희 전문학교가 세워졌습니다. 1916년 10월 12일 미국 뉴저지에서 조선 선교의 개척자이자 큰 산이었던 언더우드는 하나님의 부르심을 받습니다. 그의 삶은 온통 '조선'이었습니다. 서교동교회, 노량진교회, 중화동교회 등 많은 교회들이 그의 땀으로 세워졌습니다.

The Story of Saemunan Church

Horace G. Underwood arrived in Yokohama, Japan, on January 25, 1885. There he underwent mission training, including studying the Korean language with a young Korean man named Lee Su-jeong. On Easter Sunday, April 5, 1885, Underwood arrived at Jemulpo^{Incheon}, carrying with him the Gospel of Mark that Lee Su-jeong had translated, and thus began his mission in Joseon.

Two years after opening the door to Protestant missions, on September 27, 1887, Underwood established Saemunan Church in his own living room with 14 believers. At that founding service, Seo Sang-ryun and Baek Hong-jun were ordained as elders, making Saemunan the first "organized" church in the history of Korean Protestantism.

It is true that Sorae Church in Jangyeon, Hwanghae Province, had been formed two to three years earlier and is rightly honored as the first church in Korea. However, because it began as an unorganized lay congregation, Saemunan Church is recognized as the first "organized" church, with a formal leadership structure. Most of the original 14 members were from Uiju and had been led to faith by Elder Seo Sang-ryun, giving the church a distinctly national and patriotic character. Gyeongshin Academy, which began as a school for orphans, also started within Saemunan Church.

Underwood served as the first senior pastor. It was not until 1920, with the ministry of the third pastor, Cha Jae-myeong, that the church came under the leadership of a Korean pastor. From its earliest days, Saemunan Church has functioned as a "mother church," supporting the planting of many congregations throughout Seoul and Gyeonggi Province. It also produced many prominent figures in academia and the arts, including linguist Choi Hyeon-bae and composer Hong Nan-pa.

Underwood's contribution to the history of Korean missions rises like a great mountain. Through his efforts, Saemunan Church, Gyeongshin Academy, and Yonhi College [now Yonsei University] were established. On October 12, 1916, in New Jersey, USA, this pioneer and giant of Korean missions was called home by God. His whole life was bound up with "Joseon," and many churches—including Seogyodong, Noryangjin, and Junghwadong—were built through his tireless labor and sweat.

10월 첫째 주
을미사변과 선교사들

1895년 10월 8일, 일본에 의해 자행되었던 국모 시해 사건 소위 '여우사냥'이라는 작전명으로 자행된 을미사변 이야기입니다. 을미사변은 조선주재 일본 공사 미우라 고로의 총지휘로 자행되었습니다. 일본 군인들과 경성수비대 미야모토 다케타로와 야쿠자들이 동원되어 조선의 국모 명성황후를 수차례 성폭행한 후 시신을 불태우는 등 너무나도 잔인하고 비참한 방법들이 동원된 사건이 을미사변입니다.

물론 이 일에는 며느리 때문에 정계에서 물러난 시아버지 흥선대원군과 그의 측근들이 사건에 깊이 관여되었다고 전해지기도 하였습니다. 그 나라에 주재하는 공사관에서 주도하여 자행된 왕비시해 사건은 세계 역사에서도 찾아볼 수 없는 말도 안 되는 사건이었습니다.

고종의 아내 명성황후 민씨는 시대를 바라보는 남다른 해안과 열강의 흐름을 예측하는 역사감각을 소유한 특별한 여인이었습니다. 나라의 빗장을 걸었던 쇄국정책을 주도한 시아버지 흥선 대원군의 정책을 정면으로 반박하며 꽁꽁 걸려있던 그 빗장의 문을, 처음에는 일본을 통해 열었고 후에는 청나라, 러시아 등과 손을 잡으며 개방했던 여인이었습니다. 약소국이던 조선을 대륙 진출의 발판쯤으로 여기던 일본이 생각할 때 그런 명성황후의 외교정책은 늘 눈엣가시였던 게 분명합니다.

지나간 역사에 '만약'이란 것이 없습니다만, 만약 명성황후가 암살당하지 않았더라면 한반도 주변 극동의 역사는 많이 달라졌을 것이라고 여러 역사가들은 추측하고 있으며, 만약 명성황후의 남편 고종이 정치를 잘했더라면 이런 비극은 벌어지지 않았을 것이라고도 예측하고 있습니다. 아내의 비참한 죽음의 비극을 접한 조선의 국왕 고종은 잠을 이룰 수가 없어서 언더우드, 유진벨 등 선교사들이 돌아가며 권총을 들고 불침번을 섰다는 기록이 있습니다. 급기야 고종은 러시아 대사관으로 몸을 피신하는 소위 '아관파천'으로 또 하나의 역사적 오점을 남깁니다. '아관'은 러시아 대사관으로, '파천'은 나라를 떠났다는 뜻입니다.

1st week of October
The Eulmi Incident and the Missionaries

On October 8, 1895, the assassination of the "Mother of the Nation" was carried out by Japan. This is the story of the Eulmi Incident, executed under the operation codename "Fox Hunt."

The Eulmi Incident was orchestrated under the direct command of Miura Goro, the Japanese minister to Joseon. Japanese soldiers, members of the Seoul Garrison led by Miyamoto Taketaro, and hired assassins[ronin] were mobilized. In an act of unspeakable brutality, Empress Myeongseong was murdered and her body was later burned. It is also recorded that the king's father, Heungseon Daewongun—who had been pushed out of politics by his daughter-in-law—and his close associates were deeply involved. An assassination of a queen, led and directed by a foreign legation stationed in that country, was virtually unprecedented in world history.

King Gojong's wife, Empress Myeongseong of the Min clan,

was an extraordinary woman with keen insight into the times and a strong sense of how the Great Powers were moving. She openly opposed the isolationist policies of her father-in-law, Heungseon Daewongun. She was the one who opened the nation's tightly barred gates—first toward Japan and later toward Qing China and Russia. To Japan, which regarded the small and weak Joseon as a mere stepping stone for its advance onto the Asian continent, her diplomatic policies were clearly a constant thorn in the side.

There is, strictly speaking, no "if" in history, yet many historians speculate that if Empress Myeongseong had not been assassinated, the history of Northeast Asia surrounding the Korean Peninsula might have unfolded very differently. Others suggest that if her husband, King Gojong, had been a more capable ruler, such a tragedy might have been averted.

Confronted with the horror of his wife's brutal death, King Gojong was unable to sleep. Historical records note that missionaries such as Horace G. Underwood and Eugene Bell took turns standing night watch, guarding him with pistols in hand. In the end, the terrified monarch fled for refuge to the Russian Legation, leaving behind yet another painful mark on history—an event remembered as the "Agwan Pacheon." "Agwan" refers to the Russian Legation, and "Pacheon" describes the king's flight from his own palace to seek safety under foreign protection.

정동제일교회 이야기

서울 시청 앞, 덕수궁 돌담길을 돌다보면 만나는 정동제일교회는 한국감리교회의 모母교회로 새문안교회가 설립된 지 2주 후 1887년 10월 11일 설립된 한국 최초의 감리교회입니다. 정동제일교회는 미국 개신교 선교사, 아펜젤러의 사택에서 한국인 감리교 신자들과 함께 시작되었습니다.

정동제일교회는 여러 분야에서 한국 최초라는 기록들을 보유하며 한국에 큰 영향을 끼쳐왔는데 설립 때에는 '벧엘 예배당'이라 불렸으며 1897년에 건축하여 한국 초기 개신교회사적 제256호로 자리 잡았습니다. 1918년 한국 최초로 파이프 오르간이 봉헌되었으며 정동제일교회 성가대는 우리나라의 개신교 음악을 선도했습니다.

그 교회에서는 서재필, 이승만, 윤치호, 이상재, 남궁억 등이 중심이 되어 독립협회가 결성되었으며, 만민공동회가 개최되기도 했으나 수구파의 모략으로 독립협회는 해체되고 중요 인물들은 감옥에 갇히게 되었는데, 이 때 감옥에 투옥되었던 이승만, 이상재 등이 하나님의 손길을 경험하고 감옥에서 복음을 받아들였죠.

아펜젤러 선교사가 정동제일교회의 초대 담임목사로 헌신했으며 제4대 최병헌 목사가 부임하면서 처음 한국인이 담임목사가 되었습니다. 제5대 현순, 제6대 손정도, 제7대 이필주 등은 대한민국 국가보훈처 독립유공자 서훈을 받은 독립 운동가 출신 담임목사였습니다. 1919년에는 담임목사 이필주와 전도사 박동완이 민족대표 33인으로 3·1 운동에 적극적으로 동참하여 민족의 아픔을 같이 했습니다.

이화학당 유관순도 정동제일교회의 신실한 학생 신자였으며 한국의 개화기를 이끌었던 윤치호도 그 교회의 장로였고 대한민국 초대 대통령 이승만도 그 교회의 장로였습니다. 이처럼 정동제일교회는 우리나라 근대역사와 함께했으며 일제 강점기 때 민족의 아픔도 정동제일교회는 함께 했습니다.

The Story of
Chungdong First Methodist Church

Located along the stone wall path of Deoksugung Palace near Seoul City Hall, Chungdong First Methodist Church is the mother church of the Korean Methodist denomination. It was established on October 11, 1887—just two weeks after Saemunan Church—making it the first Methodist church in Korea.

The church began in the residence of American missionary Henry G. Appenzeller, where he gathered with early Korean Methodist believers. Originally called "Bethel Chapel," its red-brick sanctuary, completed in 1897, remains a landmark of early Korean Protestantism and is designated National Historic Site No. 256.

Chungdong First Methodist Church holds numerous "firsts" in Korean history and has exerted a profound influence on society:

Music: In 1918, the church dedicated the first pipe organ in Korea, and its choir went on to lead the development of Protestant church music in the country.

Independence movement: The church served as a cradle for national leaders. The Independence Club^{Dongnip Hyeophoe} was formed here by figures such as Philip Jaisohn^{Seo Jae-pil}, Syngman Rhee, Yun Chi-ho, Yi Sang-jae, and Namgung Eok.

Faith in adversity: When the Independence Club was dissolved through the schemes of the conservative faction, leaders like Syngman Rhee and Yi Sang-jae were imprisoned, and it was behind bars that they experienced God's hand and embraced the Gospel.

Following the pioneering ministry of Henry Appenzeller, the church was led by a succession of prominent Korean pastors. The fourth senior pastor, Choi Byeong-heon, was the first Korean to hold that position. Subsequent pastors—including the fifth^{Hyun Soon}, sixth^{Son Jeong-do}, and seventh^{Yi Pil-ju}—were all independence activists later honored as patriots by the Ministry of Patriots and Veterans Affairs.

In 1919, Senior Pastor Yi Pil-ju and Evangelist Park Dong-wan joined the 33 national representatives in the March 1st Movement, actively sharing in the suffering of the nation. Ryu Gwansun of Ewha Haktang, the famed independence martyr, was also a faithful student member of this church. In addition, enlightenment leader Yun Chi-ho and Syngman Rhee, the first president of the Republic of Korea, both served as elders here.

In this way, Chungdong First Methodist Church has walked hand-in-hand with Korea's modern history, standing with the Korean people through the deep sorrows of the Japanese colonial period.

존슨 선교사와 대구 사과나무

존슨은 애담스 다음으로 대구에서 사역한 의료선교사입니다. 그가 없었다면 서양의료 기술 도입은 늦어졌을 것이라고 합니다. 존슨은 1869년, 미국, 일리노이주 게일스버그에서 태어났으며, 1895년 펜실베이니아 의과대학을 졸업했습니다.

대학생 시절 무디 목사 설교에 깊은 감명을 받고 선교사가 되기로 결심한 후 좋은 의료선교사가 되기 위해 뉴욕 브루클린에 있는 킹스 카운티 병원에서 전문 수련의 과정을 마친 후 시립병원에서도 인턴과정을 마쳤습니다. 그의 아내 에디스 파커 역시 선교를 위해 조산학 과정을 공부했으며 신생아와 모자 간호법을 배우는 등 선교 준비에 노력했습니다.

1897년 선교사 임명을 받고 그해 10월 28일 결혼식을 올립니다. 그리고 그해 11월 18일 태평양을 건너 조선으로 향했습니다. 부산항에 도착한 것은 12월 22일, 여독을 풀 틈도 없이 곧바로 대구로 향하는데, 애담스 선교사 아내의 출산이 임박했으니 빨리 대구로 와달라는 전보를 받았기 때문입니다.

1897년 12월 25일 성탄절에 존슨은 조랑말을 타고, 그의 아내는 장정 네 명이 메는 가마를 타고 대구 남문으로 들어왔습니다. 이렇게 존슨은 대구 제중원 원장으로 사역을 시작한 것입니다.

뿐만 아니라 조선에 올 때, 사과나무 묘목을 가지고 와서 대구를 사과나무의 고장으로 만들었던 장본인이 존슨이었습니다. 대구가 사과로 유명해진 이유를 제공했던 우드브릿지 존슨. 대구를 방문할 기회가 있으면 대구 최초로 세워진 대구 제일교회와 그 뒤 청라언덕에 조성된 선교사들의 무덤인 은혜정원, 선교 역사 박물관을 돌아보면 의미 있는 시간여행이 될 것입니다.

Missionary Johnson
and the Daegu Apple Trees

Woodbridge O. Johnson was a medical missionary who served in Daegu following the pioneering work of James E. Adams. It is often said that without him, the introduction of Western medical technology to the region would have been significantly delayed.

Johnson was born in 1869 in Galesburg, Illinois, and graduated from the University of Pennsylvania School of Medicine in 1895. During his college years, he was deeply moved by the sermons of D. L. Moody and decided to become a missionary. To prepare himself as a skilled medical missionary, he completed a residency at Kings County Hospital in Brooklyn, New York, followed by an internship at a city hospital. His wife, Edith Parker, also prepared for the mission field by studying midwifery and learning methods of newborn and maternal care.

In 1897, they were appointed as missionaries and were married on October 28. Less than a month later, on November 18, they crossed the Pacific bound for Joseon. They arrived at the port of Busan on December 22 and, without even a moment to recover from the journey, headed straight for Daegu after receiving an urgent telegram that Mrs. Adams was about to give birth. On Christmas Day, December 25, 1897, Johnson entered Daegu through the South Gate on a pony, while his wife arrived in a palanquin carried by four men. Thus Johnson began his ministry as director of Daegu Chejungwon, the hospital that would later become Dongsan Medical Center.

Notably, Johnson was the person who helped make Daegu famous for its apples. When he came to Joseon, he brought apple tree saplings with him and planted them there, turning Daegu into a prominent region for apple cultivation. This is the historical reason Daegu became so closely associated with this fruit.

If you ever have the opportunity to visit Daegu, it would be a meaningful "time-travel" experience to visit Daegu First Presbyterian Church—the first church built in the city—the Grace Garden a cemetery for missionaries on Cheongna Hill just behind it, and the nearby Missionary History Museum.

대구선교 3인방

'대구선교 3인방'에 대하여 들어보셨나요? 대구선교를 위해 헌신했던 애담스, 존슨, 브루언을 일컫는 말입니다. 애담스는 미국 인디애나주 맥코이에서 태어나 성장했으며 맥코믹 신학교를 졸업한 후 미국 북장로교 해외선교부로부터 조선 선교사로 파송을 받고 1895년 가족과 함께 부산에 도착합니다.

애담스 선교사보다 4년 먼저, 즉 1891년 부산에서 사역하던 그의 누나 애니, 매형 베어드 선교사의 소개로 경북 지역 최초 한국인 목사, 김재수를 만나 그에게 조선어를 배우고 조선의 풍습 등을 익힙니다. 의료선교사 존슨은 1897년 12월 22일 조선에 입국했습니다. 그는 대구제중원을 설립하는 등 의학발전에 큰 업적을 남겼습니다.

이렇게 애담스와 존슨이 협력하며 사역하던 중 점차 사역이 늘어나 두 사람이 그 사역을 감당하기에는 힘에 겨워 대구 지역에서 사역할 다른 선교사를 찾기 위해 기도하기 시작했습니다.

어느 날 기도하던 중 애담스는 존슨에게 선교 희망자를 알고 있는지를 물었고 존슨은 "개인적으로 아는 사람은 없지만 우리 어머니 친구의 아들이 선교사로 나갈 준비를 한다는 말을 들었다"고 애담스에게 말했습니다.

그 후 존슨은 그의 어머니에게 대구의 상황을 설명한 편지를 보내서 그 선교 희망자에게 전해달라고 요청했습니다. 한편, 신학교를 졸업한 브루언도 선교지를 정하기 위해 하나님께 기도하던 중이었습니다. 그러던 중 브루언은 그의 어머니 친구의 아들이 조선 선교사로 파송된 것을 알게 되었고 그의 어머니 친구의 아들 존슨에게 조선에 관한 정보를 알려달라는 편지 한 통을 존슨의 어머니에게 보냈던 것이었습니다.

그로부터 얼마 후, 존슨의 어머니는 같은 날 두 통의 편지를 받게 됩니다. 한 통은 존슨의 편지였고 또 다른 한 통은 브루언의 편지였습니다. 존슨의 어머니는 하나님의 정확한 타이밍, 선교의 부르심에 전율합니다. 우리 한국을 향한 하나님의 너무 세밀한 손길이었습니다. 1899년 9월, 브루언이 조선에 들어와 대구선교에 합류하게 되면서 대구선교 3인방을 중심으로 한 대구, 경북지역 선교가 활기를 띱니다.

4th week of October
The Trio of Daegu Missions

Have you ever heard of the "Daegu Mission Trio"? This refers to missionaries James E. Adams, Woodbridge O. Johnson, and Samuel F. Bruen, who dedicated their lives to mission work in the Daegu area.

Adams was born and raised in McCoy, Indiana. After graduating from McCormick Theological Seminary, he was appointed as a missionary to Joseon by the Board of Foreign Missions of the Presbyterian Church in the U.S.A. and arrived in Busan with his family in 1895. His sister Annie and his brother-in-law, Missionary William M. Baird had already been serving in Busan for four years[since 1891]. Through their introduction, Adams met Rev. Kim Jae-su, the first Korean pastor in the Gyeongbuk region, from whom he learned the Korean language and local customs.

Medical missionary Johnson entered Joseon on December 22, 1897. He made major contributions to the development of modern medicine in the region, including helping establish Daegu Chejungwon.

As Adams and Johnson collaborated in ministry, their workload gradually increased until it became too much for just the two of them to handle. They began to pray earnestly for another missionary to come and serve in the Daegu area. One day, while they were praying, Adams asked Johnson if he knew of any potential missionary candidates. Johnson replied, "I don't know anyone personally, but I've heard that the son of one of my mother's friends is preparing to become a missionary."

Johnson then wrote to his mother, explaining the situation in Daegu and asking her to share it with that young candidate. At the same time, Bruen—who had just graduated from seminary—was also praying for guidance about where he should serve as a missionary. During this period, he learned that the son of his mother's friend had been sent to Joseon as a missionary. So he wrote a letter to Johnson's mother, asking her son to send information about Joseon and its needs.

Not long afterward, Johnson's mother received two letters on the very same day—one from her son and one from Bruen. She trembled with awe at God's perfect timing and this clear confirmation of a call to mission. It was a striking example of God's detailed, loving hand reaching out toward Korea.

In September 1899, Bruen arrived in Joseon and joined the

Daegu mission. With this "Daegu Mission Trio" at the center, mission work in Daegu and the wider Gyeongbuk region began to flourish with great vitality.

11월 3일 7인의 선발대 입국일

11월 3일은 호남 선교에 있어서 참 의미 있는 날입니다. 1885년 4월 5일 조선에 입국한 언더우드는 한국에서 결혼도 하고 헌신적으로 사역하다가 1891년 안식년을 맞이하여 미국으로 돌아가 한국선교를 위한 선교 동원사역을 적극 진행하였습니다.

1891년, 테네시 내쉬빌에서 진행된 신학교 해외선교연합 컨퍼런스. 이 컨퍼런스에서 언더우드와 당시 미국 유학 중이던 윤치호가 조선 선교에 대한 강연을 했으며 이 강연에 깊은 감명을 받은 테이트가 조선 선교를 결심합니다. 그는 의학을 전공했고 매코믹 신학교를 졸업했습니다. 그리고 마침내 1892년 11월 3일 그의 여동생 매티와 함께 조선에 입국한 것입니다.

테이트는 전주 지방을 중심으로 익산, 정읍, 부안, 임실, 남원 등 호남의 여러 지방에서 헌신적으로 선교사역을 전개했습니다. 테이트의 선교사역으로 설립된 교회가 78교회, 목사가 된 사람이 5명, 장로가 된 사람이 21명, 세례를 받은 사람이 무려

1500여 명이나 되었습니다. 테이트 선교사는 한국에서 의료선교를 하던 잉골드와 8년간의 열애 끝에 1905년 9월, 결혼하게 되었으며 결혼한 후에도 잉골드와 함께 헌신하였습니다.

그런데 그 후 테이트는 심장병을 앓게 되고 심장병이 악화되자 1925년 33년간의 선교 사역을 내려놓고 미국으로 돌아간 테이트 부부는 미국 각처를 순회하면서 선교동원 사역을 전개하였습니다. 하지만 안타깝게도 1929년 67세의 테이트는 하나님의 부르심을 받습니다.

테이트 선교사의 아내였던 잉골드1867-1962, NC, 95세는 1897년 조선에 입국하여 의료사역을 시작했으며 전주에 있는 전주 예수병원을 설립한 사람입니다. 미국 플로리다에서 생활하다가 1962년 10월 26일 별세하여 남편인 테이트 곁에 안장되었습니다. 전주 예수병원 건너편에 있는 선교사 묘역에는 1910년 9월 15일 태어난 지 하루 만에 죽은 테이트 선교사 부부의 딸의 무덤도 있습니다.

November 3: Arrival of the Seven Pioneers

November 3 is a truly significant date for missions in the Honam region. After entering Joseon on April 5, 1885, Horace G. Underwood married in Korea and served with deep devotion. During his sabbatical in 1891, he returned to the United States and actively devoted himself to mobilizing support and workers for the Korean mission field.

In 1891, an overseas mission conference for seminarians was held in Nashville, Tennessee. At this conference, Underwood and Yun Chi-ho, who was then studying in the United States, gave lectures on missions in Joseon. Lewis Boyd Tate, who was deeply moved by their messages, decided to become a missionary to Joseon. He had majored in medicine and graduated from McCormick Theological Seminary. Finally, on November 3, 1892, he arrived in Joseon together with his sister, Mattie Tate.

Tate carried out his missionary work with great devotion,

focusing on Jeonju and extending to many parts of the Honam region, including Iksan, Jeongeup, Buan, Imsil, and Namwon. Through his ministry, 78 churches were established, 5 people became pastors, 21 became elders, and as many as 1,500 people received baptism. After an eight-year courtship, Tate married Mattie Ingold, a medical missionary serving in Korea, in September 1905. Even after their marriage, the couple continued to serve sacrificially side by side.

Later, however, Tate developed heart disease. As his condition worsened, the couple concluded 33 years of missionary service in 1925 and returned to the United States. Even there, they traveled from place to place, continuing to mobilize others for world missions. Sadly, in 1929, at the age of 67, Tate was called home by God.

His wife, Mattie Ingold[1867–1962], had first entered Joseon in 1897 to begin medical work and became the founder of Jeonju Jesus Hospital[now the Presbyterian Medical Center in Jeonju]. After spending her later years in Florida, she passed away on October 26, 1962, at the age of 95, and was buried beside her husband. In the missionary cemetery across from Jeonju Jesus Hospital, there is also the grave of their daughter, who died on September 15, 1910, just one day after she was born.

배화학당, 캠벨 선교사

　배화학당을 만들어 한국 초기 한국 여성들을 교육하며 일깨웠던 캠벨, 그녀는 1853년 미국 텍사스에서 태어났으며 1874년 개척교회 목사였던 조셉 캠벨과 결혼하여 1남 1녀를 두었습니다. 그런데 캠벨은 1880년 갑작스런 남편의 죽음과 얼마 후 두 자녀가 죽는 등 큰 어려움을 당합니다. 인생의 큰 슬픔을 당한 캠벨은 그 고난을 통해 하나님의 섭리를 깨닫고 다른 사람을 위한 삶을 살기로 결심한 후 선교사로 헌신합니다.

　캠벨은 간호교육을 받고 신학을 공부한 후 1886년 미국 남감리교단의 해외 선교사로 자원하여 중국으로 파송되었습니다. 중국에서 사역하던 그녀는 미국 남감리회 해외 여자선교부로부터 사역지가 조선으로 변경됨을 통보받고 감리교 최초 한국 여선교사로 1897년 10월 9일 제물포에 도착했습니다. 윤치호가 마중 나와 영접하였고, 그 후 남대문 근처 감리교 선교부에 정착하여 사역을 진행하였는데 중국 강소성에서 양녀로 입양한 중국인 여도라가 돕습니다. 감리회의 상동병원과 북장로회의 제중원이 있었기 때문에 새로운 지역을 개척하고자 '고가 나무골'에서 사역을 시작한 것입니다. 고가 나무골은 내시들이 살던 곳으로 조금 부정하게 여겨서 선교사들도 꺼리는 곳이었지만 아랑곳하지 않고 이곳에서 사역한 것입니다.

그녀는 여성 교육의 필요성을 절감하고 1898년 10월 2일, 미국 사우스캐롤라이나 여러 교회의 후원을 받아 남감리회의 대표적 여학교인 캐롤라이나 학당을 설립하였는데, 후에 '여성을 아름답게 기르고 꽃을 피우는 배움의 터전'이라는 의미로 '배화培花'로 윤치호 선생이 이름을 지어준 것이라 합니다. 1909년, 배화여학교로 정식인가를 받은 후 졸업생을 배출하였고 그녀가 1898년부터 1912년까지 초대 교장으로 헌신했습니다.

그녀가 교장으로 있으면서 1901년, 미국에서 루이스워커의 후원금으로 교내에 루이스워커 기념예배당Lousie Walker Memorial Chapel을 건축한 것입니다. 이곳에서 시작된 예배는 종교교회와 자교교회의 모체가 되었습니다.

캠벨은 1918년, 안식년으로 미국에 돌아갔다가 1919년 다시 한국에 입국하여 사역하던 그녀는 과로로 병원에 입원, 안타깝게도 1920년 11월 12일 별세했습니다. 양화진에 묻힌 그녀의 묘비에는 아래와 같이 적혀있습니다.

내가 조선에서 헌신하였으니 죽어도 조선에서 죽는 것
이 마땅하다.

2nd week of November
Paiwha Academy
and Missionary Josephine Campbell

Josephine Campbell, who founded Paiwha Academy to educate and awaken early Korean women, was born in 1853 in Texas, USA. In 1874, she married Joseph Campbell, a pioneer church pastor, and they had a son and a daughter. However, she faced immense tragedy when her husband died suddenly in 1880, followed shortly by the deaths of both of her children. Through this deep sorrow, she came to recognize God's providence and resolved to live a life for others, dedicating herself as a missionary.

After receiving nursing training and studying theology, she volunteered as an overseas missionary for the Southern Methodist Church and was dispatched to China in 1886. While serving there, she was notified by the Woman's Foreign Missionary Society that her mission field had been changed to Joseon. She arrived at Jemulpo on October 9, 1897, as the first female missionary to Korea from the Southern Methodist Church and was welcomed by Yun Chi-ho. She initially settled at the Methodist mission near Namdaemun, assisted by Yeo Dora, a Chinese girl she had adopted in Jiangsu Province. Because the Northern Methodist Church already operated Sangdong Hospital and the Northern Presbyterian Church ran Chejungwon, she sought to pioneer a new field and began her ministry in "Goga Namugol." This area, home to court eunuchs, was considered somewhat "unclean" and undesirable by other missionaries, but she served there undeterred.

Recognizing the desperate need for women's education, she founded the Carolina Academy—a leading girls' school of the Southern Methodist Church—on October 2, 1898, with support from various churches in South Carolina. Later, Yun Chi-ho re-named the school "Paiwha"培花, meaning "a place of learning that beautifully nurtures women and helps them blossom." After receiving official authorization as Paiwha Girls' School in 1909, the school produced its first graduates, and Campbell served de-votedly as the first principal from 1898 to 1912.

During her tenure as principal, in 1901 she used funds donated by Louise Walker in the United States to build the Louise Walker Memorial Chapel on campus. The worship services that began there later became the cradle of Jonggyo Church and Jakyo Church. Campbell returned to the United States for a sabbatical in 1918, but came back to Korea in 1919 to continue her ministry. Due to overwork, she was eventually hospitalized and sadly passed away on November 12, 1920. Her epitaph at Yanghwajin reads:

I have devoted myself to Joseon; therefore it is only right that I should die in Joseon.

베어드 선교사와 초량교회

숭실학당의 설립자며 부산 초량교회를 설립한 윌리엄 베어드는 1862년, 미국 인디애나에서 태어나 성장하고 1890년 11월 18일 28세에 애니 애담스와 결혼한 후 1891년 1월 29일 부산을 통해 조선에 입국합니다. 그 후 1931년까지 약 40여 년 동안, 특히 부산지역 최초 선교사로서 부산 지부와 대구 지부를 개척했던 선교사였습니다.

특히 베어드의 사랑방 전도라는 독특한 방식을 진행했습니다. 베어드는 조선 생활을 통해 남성들의 대화와 교제의 공간이었던 사랑舍廊방의 기능을 잘 이해했던 선교사였습니다. 사랑방에서 예배와 기도 모임이 이루어졌으며 기독교 문서를 번역하여 배포하는 등 그의 사랑방 전도는 부산지역 선교의 기초를 제공했습니다. 이 사랑방 모임을 통해 구도자들과 회심자들이 점차 늘어남에 따라 자연스럽게 사랑방 모임은 부산 초량교회로 발전하게 된 것입니다.

　베어드 선교사는 내륙 선교여행을 통해 내륙 선교의 필요성을 절감하고 1895년에 사역지를 대구로 옮겨 대구제일교회와 계성학당을 설립합니다. 1896년 초에는 대구 남문 근처의 가옥한 채를 매입한 후 그의 처남 제임스 애담스에게 대구 지부를 맡겨서 대구를 활성화시킵니다.

　베어드 선교사의 부산 선교 사역은 이후 북장로교 선교부에서 21명의 선교사들의 부산 지역 선교 사역의 초석을 놓았으며 이후 서울과 평양에서의 순회 전도와 학교 설립, 문서 활동 등 영향력 있는 영적 지도력을 발휘하며 큰 영향을 주었습니다. 이후 베어드는 사역지를 서울로 옮겨 경신학당에서 교육하다가 1897년, 평양에서 숭실학당을 설립하고 감리교와 연합하여 숭실대학교로 발전시키는 데 지대한 공을 세웠습니다.

　그런데 활발한 사역 중에 갑자기 그의 아내가 별세합니다. 5남매를 둔 현모양처였던 그의 아내 애니 애담스 베어드는 남편을 내조하며 교육사역을 도와 교과서를 번역하기도 합니다. 또한 선교사를 위한 조선어 지침서를 발간하기도 했습니다. 찬송가 '멀리 멀리 갔더니새 387장'를 비롯한 찬송가 번역과 편집에도 크게 공헌하기도 했습니다.

Missionary William Baird
and Choryang Church

William M. Baird, the founder of Soongsil Academy and Choryang Church, was born in Indiana, USA, in 1862. After marrying Annie Adams on November 18, 1890, at the age of twenty-eight, he arrived in Joseon via Busan on January 29, 1891. For the next forty years, until his death in 1931, he served as the first resident missionary in the Busan region, pioneering mission stations in both Busan and Daegu.

Baird utilized a unique method known as "sarangbang evangelism." Understanding that the sarangbang guest room was the traditional space for men's social interaction, he used it for worship services, prayer meetings, and the distribution of translated Christian literature. As the number of inquirers and new believers grew, these gatherings naturally developed into what is now Choryang Church.

Recognizing the need for inland missions, Baird moved to

Daegu in 1895, where he founded Daegu First Church and Keisung Academy. In early 1896, he purchased a house near the South Gate of Daegu and entrusted the work there to his brother-in-law, James E. Adams. Through this, the ministry in the region was further expanded.

Baird's work laid a solid foundation for the twenty-one Northern Presbyterian missionaries who would later serve in the Busan area. His leadership then extended to Seoul and Pyongyang through itinerant preaching, educational initiatives, and literature ministry. In 1897, he founded Soongsil Academy in Pyongyang, which later developed—through cooperation with the Methodist Church—into Soongsil University.

During his active ministry, he suffered the loss of his wife, Annie Laurie Adams Baird. A devoted mother of five, she played a crucial role in the educational mission, translating textbooks and publishing a Korean-language guide for missionaries. She also made significant contributions to hymnody, including the translation of the beloved hymn "I Was Wandering and Weary"New Hymn No. 387 in the Korean hymnal.

요한 웨슬레

요한 웨슬레는 1703년, 영국 엡워스에서 태어났는데, 19명 자녀 중 15번째 자여, 아들로는 두 번째였습니다. 요한 웨슬레 아버지도 할아버지도 목회자인 신앙의 가문입니다. 그가 태어날 당시 영국은 성공회와 청교도들의 싸움으로 뒤숭숭했으며 산업혁명 등으로 사회적 혼란이 극에 달했던 암울한 시대, 하나님께서는 복음전파의 등불로 요한 웨슬레를 준비시키신 것입니다.

요한 웨슬리는 어린 시절 어머니의 신앙교육에 큰 영향을 받습니다. 1720년 대안학교를 졸업하고 옥스퍼드 대학교에 입학합니다. 1725년 22세 때 요한 웨슬레의 삶에 큰 전환점이 찾아옵니다. 형식적인 신앙에 젖어 있던 옥스퍼드 신학생 시절, 요한 웨슬레는 신성클럽holy club 활동을 통해 "이제부터 흠 없이 거룩하게 살겠다"는 절대 헌신을 다짐하는 소위 '옥스포드 회심'을 경험하게 되었습니다.

신성클럽은 거룩하게 살기를 원하는 몇몇 신학생이 만든 단체였습니다. 1729년부터 시작된 이 클럽은 원래 성경을 연구하는 모임이었는데 점차 종교적인 훈련을 위한 모임으로 그 성격이 바뀐 것입니다. 회원들의 규칙적인 생활을 다른 학생들이 비난하지만 아랑곳하지 않았고 결국 감리교의 메소디스트규칙주의는 비난에서 생겨난 말이었던 것입니다.

청년 시절, 많은 독서는 성경과 함께 그의 사상을 형성했습니다. 1726년에는 토마스 아켐피스의 '그리스도를 본받아'를 읽으며 종교의 본질이 무엇인지를 숙고하고 참된 기독교인은 예수를 닮으려고 부단히 노력해야 하는 것이라고 정립합니다.

옥스퍼드로 돌아온 요한 웨슬레는 동생 찰스 웨슬레 그리고 휫필드와 신앙의 불꽃을 일으키기 시작했으며 1735년 10월 14일 찰스 웨슬레와 배를 타고 북미 선교의 긴 여행길에 올랐는데, 무려 57일간의 여정이었죠. 이 항해 중 선교 공동체 헤른후트의 모라비안 교도 선교팀과 만나게 되고 그들에게 믿음의 영향력을 받게 되어 그의 선교에 큰 전환점을 맞습니다.

1738년 5월 24일 올더스 게이트 회심 후 1791년 별세할 때까지 말 위에서 일생의 반을 보내며 복음을 전한 전도자였습니다. 1791년 3월 2일, 오전 10시쯤 "잘 있으라"는 말을 남긴 후 복음 전도와 이웃 사랑에 일생을 헌신했던 요한 웨슬레는 별세합니다. 그의 묘비에는 "세계는 나의 교구다"라고 기록되어 있습니다.

4th week of November
John Wesley: The World Is My Parish

John Wesley was born in 1703 in Epworth, England, as the fifteenth of nineteen children and the second son. With both his grandfather and father serving as clergymen, he grew up in a family of faith and was prepared by God to be a "lamp of the Gospel" in a dark age of religious conflict and social upheaval during the Industrial Revolution.

Wesley's early life was deeply shaped by his mother Susanna's spiritual instruction. After graduating from a grammar school, he entered Oxford University and, in 1725 at the age of twenty-two, experienced a major turning point sometimes called his "Oxford conversion." Moving away from a merely formal faith, he committed himself to live "holy and blameless" and joined the "Holy Club," a group of students devoted to Bible study, prayer, and rigorous spiritual discipline. Because of their strict and orderly habits, other students mockingly called them "Methodists"—a name that would eventually define the movement.

Wesley's thought was further refined through reading Thomas à Kempis's The Imitation of Christ, which led him to see that the essence of true Christianity is a tireless effort to become more like Jesus. In 1735, John and his brother Charles boarded a ship for North America on a long, fifty-seven-day voyage for missionary work. During this journey they met Moravian missionaries from the Herrnhut community, whose calm and confident faith in the midst of violent storms became a powerful influence on Wesley's spiritual life.

After his famous Aldersgate experience on May 24, 1738—when his "heart was strangely warmed"—Wesley devoted the rest of his life to itinerant preaching. It is said that he spent roughly half of his life on horseback, carrying the Gospel throughout England and beyond. On March 2, 1791, around ten o'clock in the morning, he passed away, leaving the simple farewell, "Farewell." His tombstone bears an inscription that summarizes his life's calling: "The world is my parish."

알렌 선교사와 갑신정변

알렌은 중국 선교사로 파송 받아 중국에 입국, 중국 해안가에 정착하여 의료선교를 준비했으나 그곳에는 이미 많은 선교사들이 들어와 있었기 때문에 상하이와 난징 일대에서 사역하던 중 조선의 문을 열렸다는 소식을 접합니다. 다른 선교사들과 마찰도 있고 조선에 관심도 있었기에 1884년 6월 미국 선교부에 "나의 조선 입국을 허락해 주세요. 그렇지 않으면 혼자라도 들어가겠습니다"라는 내용의 편지를 보냈고, 그 후 1884년 7월 22일 미국 선교 본부로부터 조선에 들어가라는 허락이 떨어져서 1884년 9월 20일 제물포에 도착한 것입니다.

알렌은 주한 미국 공사관의 주치의 신분으로 조선에 입국했습니다. 그는 공사관의 의사보다는 왕실의 의사 즉 시의가 되면 선교의 기회가 열릴 것이라고 생각하여 고관들과 친분을 쌓아가며 기도하던 어느 날, 조선에 온지 2개월 후 12월 4일, 조선에 큰 사건이 벌어집니다. 소위 갑신정변이라는 쿠테타였는데,

김옥균을 비롯해서 개화파들이 수구파에 대항하여 일으킨 구테타였습니다. 하지만 3일 천하로 끝이 나죠.

이 갑신정변으로 민영익이 칼에 큰 부상을 입고 생명이 위태롭습니다. 조선 왕의 왕비인 명성황후의 조카이자 청나라 외교사절이었던 민영익은 23살에 견미단 단장인 전권대사로 미국을 방문했었던 야심찬 인물이었습니다. 14명의 조선 한의사들은 출혈을 멈추게 할 방법이 없어서 우왕좌왕하다가 촛농으로 지혈을 시도하는데, 하나님께서 이 갑신정변에 개입하셨습니다. 알렌 선교사는 그 민영익 대감을 외과수술로 살려 냅니다.

그는 하나님의 도우심을 바라며 기도하면서 수술했다고 합니다. 그 결과 민영익은 살아났으며 이것이 계기가 되어 알렌은 왕실 시의가 됩니다. 이 알렌을 통해 그의 한문 이름[安連] 그대로 다른 선교사들이 안전하게 조선에 입국하여 사역할 수 있는 길을 열어주었습니다. 또한 구사일생으로 살아난 민영익은 생명의 은인 알렌에게 십만 냥을 하사하였고 알렌은 그 돈으로 최초 서양식 병원인 광혜원후 제중원을 설립한 것입니다.

Missionary Horace Allen
and the Gapsin Coup

Horace Allen was originally dispatched as a missionary to China, where he settled along the coast to prepare for medical mission work. However, finding the field already crowded with missionaries and experiencing some friction with fellow workers, he turned his attention to Korea when news arrived that the nation's doors had opened. In June 1884, he wrote repeatedly to the American mission board, "Please allow me to enter Korea. If not, I will go in on my own." Permission was granted in July, and he arrived at Jemulpo on September 20, 1884, serving officially as the physician for the U.S. legation in Seoul.

Allen believed that becoming a royal physician, rather than serving only at the legation, would open far greater doors for the Gospel. As he built relationships with high officials, he continued to pray for such an opportunity. That opportunity came sooner than expected. Just two months after his arrival, on December 4,

1884, the Gapsin Coup broke out—a brief three-day uprising led by progressive reformers, including Kim Ok-gyun, against the conservative ruling forces.

During this upheaval, Min Young-ik—nephew of Empress Myeongseong and a prominent diplomat who had led a delegation to the United States at age twenty-three—was struck down by swords and left in critical condition. Fourteen royal physicians tried desperately to stop the bleeding, even attempting to seal the wound with candle wax, but to no avail. At that moment, God intervened through His servant Allen, who operated on Min using Western surgical techniques while praying earnestly for God's help. Min Young-ik's recovery, which had seemed impossible, became a living testimony to God's grace.

As a result of this miraculous healing, Allen was appointed royal physician. His Korean name, Ahn-ryeon安連, "peace" and "connection", proved prophetic, for he became the one who opened a safe path for many other missionaries to enter and serve in Korea. In deep gratitude, Min Young-ik granted him 100,000 nyang, which Allen used to establish Gwanghyewon—the first Western-style hospital in Korea—later renamed Jejungwon. Through this, the door was opened not only for modern medicine in Korea, but also for the spread of the Gospel through medical missions.

말콤 펜윅 선교사

1936년 12월 6일, 한국에서 헌신적으로 사역하다 별세하여 북한 땅 원산에 묻혀 계신 한국 침례교 선교의 아버지였던 말콤 펜윅은 1889년 12월26세 입국해서 46년 동안 사역하며 250여 교회를 세웠으며 만주와 러시아까지 선교 지경을 넓혔습니다. 또한 성경의 독자적 번역, 찬송가 간행 등 문서선교에도 기여했지만, 사역 지역이 원산 등 북한 지역인 관계로 잘 알려지지 않았죠.

한국에 침례교회의 씨앗을 뿌린 말콤 펜윅은 1863년, 캐나다 토론토 마크햄에서 출생했고 어려운 가정 형편으로 정규교육은 받지 못했습니다. 그러던 중 1883년 해외선교를 위한 나이아가라 사경회에 참석하여 "찌그러진 깡통이라도 물을 담아 생명을 살릴 수가 있다면 가야한다"는 인도 선교사에게 깊은 도전을 받고 한국 선교를 결심하게 됩니다.

그 후 대륙횡단열차를 타고 밴쿠버에 도착하여 우연히 무디 목사를 만납니다. 한국으로 선교를 떠나는 그에게 무디 목사는 안수 기도를 해 주었습니다. 무디의 기도를 받고 힘을 얻은 그는 배를 타고 태평양을 건너 제물포에 도착한 것이 1889년 12월이었던 것입니다.

10개월 동안 어학 공부를 한 후 황해도 소래에 도착한 때가 1890년. 글 쓰는 재주가 있었던 그는 예리한 통찰력으로 그 당시, 한국의 풍습과 사정을 기록해 남기기도 했으며 소년반을 만들어 지도했고 찬송가를 번역하여 한국어로 부르게 한 것은 아주 인상적이었습니다. 그가 번역한 대표적인 찬송가가 "예수 사랑하심은"이었습니다.

1893년 안식년을 맞아 미국으로 돌아온 말콤 펜윅은 보스톤에 있는 크라렌튼 스트리트 침례교회고든 목사, 내주 되신 주를 참 사랑하고 작곡자에서 신학 공부를 마친 후 목사안수를 받고 다시 한국으로 돌아와 사역했습니다. 그 후 1900년 개성에 세워진 호수돈 여학교에서 사역하던 미국 남 감리교에서 파송받은 하인즈 선교사와 결혼한 후 그의 사역은 한층 활기를 더했습니다.

그는 무엇보다도 한국 사람들과 같이 생활하면서 한국말을 배우고, 한국을 이해하며 한 영혼을 찾아 키우는 데 온 정성을 쏟았습니다. 그렇게 하여 키워낸 사람이 신명균이었는데 그는 말콤 펜윅의 동역자로 말콤 펜윅이 세운 지금의 대전 침신대학의 첫 번째 졸업생이 되었습니다. 신명균을 한국인 최초 침례교 목사를 만든 사람, 바로 말콤 펜윅입니다.

2nd week of December

Malcolm Fenwick:
The Father of Baptist Missions in Korea

Malcolm Fenwick, often called the father of Baptist missions in Korea, passed away on December 6, 1936, after a life of devoted service, and was buried in Wonsan, now in North Korea. Arriving in Korea in December 1889 at the age of twenty-six, he labored for forty-six years, planting more than 250 churches and expanding his mission field as far as Manchuria and Russia. He also made significant contributions to independent Bible translation, hymnody, and literature ministry. Yet because most of his work was centered in Wonsan and other regions that now lie within North Korea, his legacy remains relatively little known today.

Born in 1863 in Markham, near Toronto, Canada, Fenwick was unable to receive much formal education due to difficult family circumstances. In 1883, he attended the Niagara Bible Conference for overseas missions, where a missionary to India deeply challenged him with these words: "Even a dented tin can, if it can carry water to save a life, must go." Those simple words pierced his heart, and he resolved to go as a missionary to Korea.

Traveling by transcontinental train to Vancouver, he providentially encountered the renowned evangelist D. L. Moody there. As Fenwick prepared to depart for Korea, Moody laid hands on him and prayed a blessing over his future ministry. Strengthened by this prayer, Fenwick crossed the Pacific Ocean and arrived at Jemulpo in December 1889.

After about ten months of language study, he moved to Sorae in Hwanghae Province in 1890. Gifted in writing and keen in observation, he recorded Korean customs and conditions of that era. He organized youth groups for discipleship and, notably, translated hymns into Korean for congregational worship—among them the beloved children's hymn "Jesus Loves Me, This I Know."

In 1893, during a furlough, Fenwick returned to North America and completed theological training at Clarendon Street Baptist Church in Boston, where Rev. A. J. Gordon—composer of the hymn "My Jesus, I Love Thee"—served as pastor. After being ordained to the ministry, he returned to Korea and continued his work. In 1900, he married fellow missionary Miss Hynes, who was serving at Hosudon Girls' School in Gaeseong under the Southern Methodist Mission, and their partnership brought renewed vitality to his ministry.

Above all, Fenwick chose to live among the Korean people—learning their language, entering into their culture, and pouring his whole heart into seeking and nurturing individual souls. One of those souls was Shin Myung-gyun, who became Fenwick's close coworker and the first graduate of the school that later developed into Korea Baptist Theological University in Daejeon, founded by Fenwick. It was Malcolm Fenwick who raised up Shin Myung-gyun to become the first ordained Baptist minister in Korea.

제임스 게일 선교사

서울 종로 5가, 대학로 방향으로 가다 보면 한국교회 100주년 기념관 못 미쳐 연동교회를 만나게 되는데 그 연동교회 제1대 담임 목사가, 제임스 게일 선교사입니다. 그는 1863년 2월 19일 캐나다 엘로라Elora에서 태어나 성장하고 1884년에 토론토 대학에 입학하여 학업을 이어가던 중 1886년, 매사추세츠에서 열린 제1회 Summer Conference에 참석합니다. 이 모임에 미국 캐나다 87개 대학, 251명의 대학생들이 참석했습니다. 이 Conference의 주강사는 유명한 D.L 무디 목사였습니다. 무디의 감동적인 설교에 제임스 게일은 조선 선교를 결심합니다.

그 후 1888년 토론토 대학을 졸업하고 YMCA 후원으로 1888년 10월 18일 캐나다를 출발, 12월 15일 부산에 도착합니다. 서울로 오는 길에 전염병발진티푸스 등으로 죽은 사람들의 시체가 길거리에 방치되어 있는 아주 처참한 광경을 목격하게 됩니다. 그는 12월 23일 주일, 언더우드 집에서 드리는 예배에 참석하는데 그의 나이 25세 때였습니다. 그 후 1928년 한국을 떠날 때까지 40년간 헌신적으로 한국을 위해 사역했습니다.

그는 한국 성서공회 전임 변역위원으로 활동하며 신구약 출판, 최초의 영한/한영사전을 만드는 등 한글 발전에도 기여했습니다. 또한 1900년, 연동교회 초대담임을 맡으며 목회를 시작했습니다. 그리고 존 번연의 천로역정을 한글로 번역하여 출판하였으며 김만중의 구운몽을 영어로 변역하여 서양에 소개하기도 했습니다.

은퇴 후 영국으로 건너가 디킨스가 거주하던 집에 살다가 1938년 하나님의 부르심을 받습니다. 게일 선교사 연구의 권위자인 토론토대학 동양학부 교수 유영석 박사는 "게일은 1888년, 한국으로 파송된 캐나다 최초 선교사로서 한국 근대화시기에 중요한 역할을 한 인물"이라고 평가합니다.

제임스 게일은 한국에서 별세한 친구 존 헤론의 미망인 해리어트와 1892년 4월 7일 결혼하는데 별세한 지 약 2년이 지난 후의 일이었습니다. 1897년 목사안수를 받고 1900년부터 연못골교회현 연동교회의 초대 담임목사로 사역하기 시작했는데 그때 그를 도와 교회부흥에 기여한 사람이 갖바치 출신 고찬익초대장로이었습니다. 천민출신 고찬익에 이어 광대출신 임공진이 장로가 되면서 양반 교인들의 반발하여 연동교회는 묘동교회로 분열합니다.

James Gale: The Cultural Pioneer
and First Canadian Missionary

James Gale, the first senior pastor of Yeondong Church, was born on February 19, 1863, in Elora, Canada. While studying at the University of Toronto, he attended the first summer conference in Massachusetts in 1886, where 251 students from 87 universities across the United States and Canada gathered. Deeply moved by the preaching of the renowned evangelist D. L. Moody, Gale resolved to become a missionary to Korea.

After graduating from the University of Toronto in 1888, he departed Canada on October 18 with support from the YMCA and arrived in Busan on December 15, 1888. On his journey to Seoul, he witnessed a devastating scene: the bodies of people who had died from infectious diseases such as typhus lying abandoned in the streets. On Sunday, December 23, at the age of twenty-five, he attended worship at Underwood's home—an experience that marked the beginning of his ministry. For the next forty years, until his departure in 1928, he devoted himself wholeheartedly to serving Korea.

Gale made monumental contributions to Korean linguistics and literature. Serving as a full-time translator for the Korean Bible Society, he contributed to the publication of the complete Old and New Testaments and produced the first English–Korean and Korean–English dictionaries, significantly advancing the study and development of the Korean language. He also translated John Bunyan's The Pilgrim's Progress into Korean and introduced Korean literature to the Western world by translating Kim Man-jung's The Cloud Dream of the Nine[Guunmong] into English.

In 1892, he married Harriet, the widow of his fellow missionary John Heron, who had passed away in Korea approximately two years earlier. After being ordained as a minister in 1897, Gale became the founding pastor of Yeonmotgol Church[now Yeondong Church] in 1900. Ko Chan-ik, a former gat-maker from the lowest social class[cheonmin], became the church's first elder and played a vital role in its growth. Later, when Lim Gong-jin, a former entertainer, was also appointed as an elder, some aristocratic members objected and broke away to form Myodong Church, resulting in a painful division.

After retiring, Gale moved to England, where he lived in a house once occupied by Charles Dickens until he was called home to the Lord in 1938. Dr. Yoo Young-sik, professor of East

Asian Studies at the University of Toronto and a leading author-
ity on Gale, describes him as "the first Canadian missionary sent
to Korea in 1888 and a pivotal figure who played a crucial role
during Korea's modernization period."

한경직 목사

한경직 목사는 20세기 한국이 낳은 세계적인 목사로 세계 기독교 성장에 기여한 사람에게 주는 템플턴상을 수상했던 기독교계의 거인이었습니다. 그는 1902년 12월 29일음력, 평안남도 평원군 공덕면의 농부의 아들로 태어나 성장했습니다.

어린 시절 한경직은 사무엘 마펫 선교사가 설립한 진광학교에서 기독교와 선진 지식을 배우고 졸업 후 오산학교에 입학합니다. 남강 이승훈 선생이 설립한 오산학교의 교장 고당 조만식 선생은 어린 한경직에게 큰 영향력을 주었던 분들입니다. 또 평양 숭실학당에서 도움을 주신 스승들도 만날 수 있었습니다.

한경직의 열성적인 학구열은 숭실학당에서의 공부만으로는 충족되지 않자 그를 아끼던 스승들의 도움으로 미국 유학의 길이 열리게 됩니다. 미국 프린스턴 신학교에서 신학을 마치고 예일대학에서 박사학위를 계속하려던 그의 꿈은 갑작스러운 폐결핵으로 좌절되고 맙니다. 그 후 병이 치유되자 신의주 제2교회에서 목회를 시작하게 됩니다.

특히 이 교회에서 설립한 고아와 노약자를 위한 보린원은 교회가 사회에 대한 사명이 무엇인가를 배우는 계기가 되었습니다. 1945년 광복이 되자 한경직은 일제의 철수로 치안 공백을 메우기 위해 일본인 지사의 요청을 받아들여 평안북도 지역의 치안을 담당하기도 했고 또 민주사회의 건설을 위해 기독교 사회민주당을 조직하기도 했습니다.

그런데 소련군의 진주와 더불어 내려진 한경직 목사에 대한 체포령이 떨어지자 서울로 내려와 월남한 사람들을 위한 교회를 설립하였는데, 1945년 12월 세워진 서울 영락교회로 그 교회는 북에서 피난 온 사람들의 만남의 장소가 되었습니다.

1973년, 한경직 목사는 영락교회의 원로목사로 추대되기까지 이 영락교회를 중심으로 일평생 사역은 '양육과 선교'였습니다. 한경직 목사는 조국의 미래를 위해 교육하는 일에 온 정성을 쏟아 대광, 보성, 영락중고교, 숭실대학, 서울여자대학 등의 설립 또는 재건에 크게 기여했으며 교회의 사명이 사회의 그늘진 곳을 보살피는 것임을 깨닫고 몸소 실천하여 많은 고아와 과부, 노약자의 보호자가 되어 주었습니다.

한경직 목사는 해외의 기독교인들과 힘을 합하여 선명회를 조직하여 전쟁고아를 보살폈으며 대한예수교장로회 총회장을 역임했으며 장로회신학대학 이사장, 숭실대학 이사장 등을 역임하기도 했습니다. 한경직 목사는 북에 두고 사람과 교회를 생각하며 템플턴상 상금 100만 달러 전액을 북한선교애 후원하며 민음의 큰 산으로 살다가신 기독교계의 스승이었습니다. 은퇴 후 영락교회에서 마련한 남한산성의 6평 남짓한 작은 방에서 여생을 보내다 별세합니다. Finish Well 하셨죠.

4th week of December
Rev. Kyung-Chik Han:
A Giant of Faith and Love

Rev. Kyung-Chik Han was a world-renowned spiritual leader of twentieth-century Korea and a recipient of the prestigious Templeton Prize, awarded to those who make outstanding contributions to global Christianity. Born on December 29, 1902[lunar calendar], in Gongdeok-myeon, Pyongwon County, South Pyongan Province, as the son of a farmer, he would become one of the most influential Christian leaders of his generation.

In his youth, Han received his early education at Jinkwang School, founded by Missionary Samuel Moffett, where he was introduced to Christianity and modern learning. After graduation, he entered Osan School, where he was deeply influenced by its founder, Yi Seung-hun[Namgang], and principal, Cho Man-sik[Godang], both of whom left a lasting spiritual and intellectual mark on him. He later studied at Soongsil Academy in Pyongyang, where teachers who recognized his exceptional passion for learning encouraged him to pursue further studies.

When his studies at Soongsil could no longer satisfy his thirst for knowledge, his devoted mentors helped open the way for him to study in the United States. After completing his theological training at Princeton Theological Seminary, however, his dream of pursuing doctoral studies at Yale University was suddenly cut short when he contracted pulmonary tuberculosis. Upon his recovery, he returned to Korea and began his pastoral ministry at Sinuiju Second Church.

There, he established Borin-won, a home for orphans and the elderly, which became a defining experience in shaping his understanding of the church's social responsibility. After Korea's liberation in 1945, he briefly served as public safety administrator for North Pyongan Province at the request of the departing Japanese governor, helping to fill the postwar security vacuum. He also organized the Christian Social Democratic Party in order to contribute to building a democratic society.

When Soviet forces entered the North and an arrest warrant was issued for him, Rev. Han fled south to Seoul. In December 1945, he founded Youngnak Presbyterian Church as a spiritual home for refugees from the North, and it soon became not only a place of worship but also a meeting place and refuge for those who had escaped communist persecution.

Until he was honored as Pastor Emeritus of Youngnak Church in 1973, Rev. Han's lifelong ministry centered on nurturing and missions. Believing that the future of the nation depended on Christian education, he poured himself into establishing or rebuilding schools such as Daegwang, Boseong, and Youngnak Middle and High Schools, as well as Soongsil University and Seoul Women's University.

Convinced that the church's calling included caring for society's most vulnerable, he lived out this conviction by becoming a protector and advocate for countless orphans, widows, and the elderly. Together with Christians overseas, he helped found Sun-myung-hoe, which later developed into World Vision Korea, to care for war orphans. He also served as Moderator of the General Assembly of the Presbyterian Church of Korea and as chairman of the boards of Presbyterian Theological Seminary and Soongsil University, among other leadership roles.

Always mindful of the people and churches he had left behind in the North, Rev. Han donated the entire one-million-dollar Templeton Prize to ministry for North Korea, embodying a life that stood like a great mountain of faith in Korean Christianity. After retirement, he spent his remaining years in a humble room of about six pyeong^{roughly 20 square meters}, provided by Youngnak Church at Namhansanseong, where he passed away peacefully. He truly "finished well," leaving behind a legacy as one of the great teachers and servants of the Christian faith.